真説・八正道

自己変革のすすめ

RYUHO OKAWA
大川隆法

く思っている。

二〇二〇年　五月三十日

幸福《こうふく》の科学《かがく》グループ創始者兼総裁《そうししゃけんそうさい》　大川隆法《おおかわりゅうほう》

まえがき

ここに幸福の科学の反省修法の理論的支柱として『真説・八正道』をまとめあげることができ、とてもうれしく思います。

本書は本年一月、幸福の科学道場において、中・上級者対象に四回連続で行《おこな》った反省法講義を再現したものです。反省とは何かを現代的視点で徹底的に説き明かしたつもりです。

本書をきっかけとして、読者が自己変革を実現され、新生活を開拓し、新しき生命を得られますことを心よりお祈り申し上げます。

一九八九年　三月

幸福《こうふく》の科学《かがく》グループ創始者兼総裁《そうししゃけんそうさい》　大川隆法《おおかわりゅうほう》

真説・八正道　目次

第1章　序論
――反省の意味と前提――

第2章　正見《しょうけん》

第3章　正思《しょうし》

第4章　正語《しょうご》

第5章 正業《しょうごう》

第6章 正命《しょうみょう》

第7章 正精進《しょうしょうじん》

第8章　正念《しょうねん》

第9章 正定《しょうじょう》

第10章　総論

――八正道《はっしょうどう》の現代的意義――

第1章

序論

――反省の意味と前提――

一九八九年一月七日　説法《せっぽう》
東京都・幸福の科学研修ホールにて

1　反省とは何か

なぜ「反省」というものがあるのか

本書においては、「八正道《はっしょうどう》」に関する私自身の現代的解釈《かいしゃく》、および、現代における反省法の考え方について、「真説《しんせつ》・八正道」という題で論じていきたいと思います。

今の時点で、なぜ、こうした「反省法」というものが必要とされるのでしょうか。それを多くのみなさんは深く考えたことがあるでしょうか。また、考える必要に迫《せま》られたことがあるでしょうか。そのように自分の胸に自問自答するときに、「深く考えることなく数十年の人生を生きてきた」ということに後悔《こうかい》せざるをえないのが、いわゆる凡夫《ぼんぷ》の姿ではないでしょうか。

そこで、「なぜ、こうした反省というものがあるのか、ありうるのか」、あるいは、「なければならないのか」ということを、まず初めに考えてみたいと思うのです。

みなさんは、今、さまざまな仏法真理《ぶっぽうしんり》や霊言《れいげん》・霊示《れいじ》によって、永遠の転生輪廻《てんしょうりんね》をしていることをすでに教えられています。「はるかなる昔から、数百年、あるいは、数千年の単位で転生輪廻を繰《く》り返しているのがみなさんである」と言われているわけです。

みなさんは、「そうした内容を書物で読んでいながら、それを目に映した知識としてのみ理解しているのか、それとも、本当に魂《たましい》の底から理解できる内容として、了知《りょうち》できる内容として、納得《なっとく》できる内容として受け止めているのか」ということが、まず問題とされるのです。

「自分とは何か」を日々問い続けることの大切さ

転生輪廻ということが、もし単なる思想やたとえ話ではなく、真実の話であるとするならば、みなさんの今世《こんぜ》における地上界での生活は、いったいいかにあるべきなのでしょうか。また、なければならないのでしょうか。

それは、「はるかなる無限遠点《むげんえんてん》から現在ただいまを見る」ということです。

この「はるかなる無限遠点」という視点は二つあります。

一つは「過去からの視点」です。みなさんが、「当初、初めて人間として生き始めたころよりの、現在に向かっての視点」です。いま一つは、やがて誰《だれ》しも、これから数十年すれば地上を去っていくわけですが、「そのように地上を去り、数百年、数千年たった後《のち》の立場から現在を見たときの視点」です。

この「過去」と「未来」の二つの無限遠点から、「現在の自分自身のあり方」というものを見つめなければならないのです。

「実は、反省の根本《こんぽん》はここにある」ということを知らなければなりません。反省とは、単なる作法《さほう》にあるのではありません。単なる思想的なものにあるわけでもありません。あるいは、道徳的観点からのみ言われることでもありません。

反省というのは、「みなさんが、神仏から永遠の生命を与《あた》えられた」という事実そのものに付随《ふずい》するものなのです。みなさんが、そうした永遠の生命を生きているということ自体が、「はるかなる過去の彼方《かなた》から現在を見る視点」と、「はるかなる未来にあって現在を振《ふ》り返る視点」という両者の視点を与えるからです。

そうしてみると、反省とは、結局、何を意味しているかというと、「あなたはいったい何者であるのか。目覚めてこれを知れ」ということなのです。「自分とは何者であるか」という問いを、常々、忘れてはならないと言っているわけです。

2　人間とはどのような存在か

かつて、はるかなる昔に、神仏の意識体の一部が散乱し、大いなる「人間を創るという理念」の下《もと》に、個性化して現れてきたみなさんです。「そうした生《お》い立ちがあり、いろいろな星において肉体を持ち、魂修行《たましいしゅぎょう》をしてきた」という歴史があるわけです。あるいは、なかには、「地球だけで初めて生きた」という人もいるかもしれません。しかし、本来の魂の流れから見れば、はるかなる昔に、他の星においても魂修行をしてきたみなさんであったのです。

なぜ、「地球だけの転生《てんしょう》」と言わず、「惑星《わくせい》を超《こ》えた転生」がありえるのでしょうか。そうした経験を通して、神仏はみなさんに、いったい何を与《あた》えようとしているのでしょうか。これを考えなければなりません。

そこに、この「宇宙創造の秘密」と「人間創造の秘密」があるのであり、「この両者の秘密について深く考える」という視点なくして、みなさんは人間であることを許されなくなってくるわけです。

したがって、「人間である」という事実そのものを、まず、みなさんが受け入れるかどうかを考えていただきたいのです。

「自分が人間として生まれ、かつ生きている、考えている、現に生かされている」ということを発見し、認めるということは、それ自体、いったい何を意味するのでしょうか。

それは、みなさんが「創られた存在である」ということを、まず知らなければならないということです。「創られた存在である」と同時に、「目的性を持った存在である」ということを知らなければならないのです。

みなさんは、単に創られたわけではありません。椅子《いす》や机というような、その程度の目的のために創られたのではないのです。「創られた存在であっても、その創られたもの自体が、一つの大きな課題を持って永遠の生命を生きている。そのような魂の流れのなかにあるのだ」ということを知らなければならないわけです。

そうした事実を考えたときに、もう一つの視点が浮《う》かんできます。

3　反省の出発点とは

信仰《しんこう》から「正しき心の探究」は始まる

みなさんは、今、「幸福の原理」として、「愛・知・反省・発展」という四つの基準があることを勉強しているはずです。したがって、その基準から言うならば、今、語ろうとしている「反省」というものは、「幸福の原理」のなかの一つということになるわけです。

しかし、「その奥《おく》に、その基底に、もっと深いものがあるのではないか。もっとしっかりとした土台が必要なのではないか」ということを考えなければならないのです。

ここで、みなさんに強調しておきたいことがあります。それは、いったい何かというと、「愛・知・反省・発展という四つの考え方は、それぞれを独自に、バラバラに探究すればよいものではない。また、それぞれが海の上に点在する氷山のように、バラバラに浮《う》かんでいるものでもない」ということです。

さすれば、この「幸福の原理」は、どのような土台の上にあるのでしょうか。そうした土台をなすものがあるはずです。その土台をなすものが、実は「信仰《しんこう》」といわれているものなのです。

「信仰」というと、みなさんは、どこか遠いところにいる神仏を拝《おが》んだり、他力《たりき》を頼《たの》んだりするイメージが強いかもしれません。

しかし、「信仰の原点」はいったいどこにあるかというと、「みなさんが神仏によって創られた」という創造の秘密にあるのです。「みなさんが神仏によって創られた」ということを信じるか、そして、「神仏によって創られたみなさんが、永遠の生命のなかで無限の転生輪廻《てんしょうりんね》を繰《く》り返しながら魂修行《たましいしゅぎょう》をしている」という説を信じるかということです。まず、これを問われているわけです。

これを信じるとき、そこに「信仰」が始まります。この信仰がない場合には、何も始まらないのです。信仰という土台の上に、「愛」も「知」も「反省」も「発展」もあるわけです。「正しき心の探究」もそうです。すべてに、信仰という土台があるのです。

したがって、信仰心というものを安易《あんい》なものに思ってはなりません。あるいは、手垢《てあか》のついたものとして考えてはならないのです。そうではなく、もっと深い根源的なものです。

この「信仰心」と言うべきものは、従来使われている「信仰心」という言葉で表現される内容ではありません。ここで言う信仰とは、「事実の確認」そのもの、「真実の確認」そのものであるということです。そうした「大いなる叡智《えいち》の断片《だんぺん》を見た」ということであり、「仕組みを見た」ということの確認なのです。

「見た」という以上、それを「知る」ということ、それを「受け取る」ということ、「了解《りょうかい》する」ということ、そして、それを「信ずる」ということ、そうした行《こう》為《い》を信仰というのです。

信仰というのは、決して〝摩訶《まか》不思議なものに対して祈《いの》ること〟でも何でもないわけです。それは、「この宇宙創造の秘密」を知り、「人間創造の秘密」を知って、それを納得《なっとく》のいくものとして理解することです。これが信仰というものの前提です。

この前提がない人は、このあと、いくら仏法真理《ぶっぽうしんり》の書物を読んだところで、いくら法話《ほうわ》を聴《き》いたところで、いくら勉強したところで、何の役にも立たないのです。

「まず、その土台を押《お》さえよ」ということを述べておきたいと思います。

まず「神仏の創られた世界のなかに生きている自分」を知る

「信仰心」について、最初のころは、私はあまり多くを語ってきませんでした。

それは、「信仰」という言葉には、それ自体に一つのイメージが付着しているからです。幸福の科学では、幸福の科学の意味合いにおいて信仰心を説く必要はあるわけですが、信仰ということを説くことによって、それが従来の宗教における信仰とまったく同じように取られるのを、極《きわ》めて恐《おそ》れていたからです。

しかし、本来、仏法真理というものにはかっちりとした骨格があるのであり、この部分は、何人《なんぴと》も疑いえないものです。あるいは、揺《ゆ》るがすことのできないものです。また、批評し、分析《ぶんせき》することができないものです。「人間が神仏により創られ、永遠の目的の下《もと》に生きている」という事実は、議論を許さない事実なのです。

議論を許さない事実であるからこそ、これは「信ずる」以外に手はないのです。信ずるということは、「一躍《いちやく》して受け入れる」ということ、「握《にぎ》ってしまう」ということであって、それ以外には許されないわけです。

まず、これを始めることによって一つの契約《けいやく》が生じます。これが西洋的に言えば「神との契約」です。ここから本当に、「学ぶ」ということが始まってくるのです。

私は、幸福の科学において、仏法真理の「探究・学習・伝道」という三段階の方法論を説いていますが、これは決して「自然科学者のような探究」「顕微鏡《けんびきょう》で細菌《さいきん》を見ているような探究」を言っているのではありません。あるいは、「自分の都合《つごう》のよいことは信じて、そうでないものは信じない」というようなことを教えているのではないのです。

根本《こんぽん》において、まず、確固とした、「神仏の創られた世界のなかに生きているという土台」を認識するところから始まるのであって、そのあと、その神仏の世界のなかにおける、さまざまな仏法真理の探究や学習があるのだということです。「この根本を満たしていない者は、まず仏法真理探究の世界に入ることは許されない。学ぶことが許されない。学ぶことが許される前提条件は神仏を信じることである」ということを知らなければなりません。

「仏法真理の道」に入る人に求められる心構えとは

私は、安っぽい意味において、信仰心を言うつもりはまったくありませんが、今、説いたような意味における信仰心がない人には、「幸福の科学の仏法真理を学んでいる。修行している」などと言っていただきたくないのです。単なる活字の情報として得て、それに目を通しているだけで済むと思ったら大間違《おおまちが》いです。「仏法真理の探究」と自認するならば、「そうした確固たる土台の下《もと》にそれをなすのである」と、覚悟《かくご》を決めていただきたいのです。

真実、今、探究者として立とうとしている人は、非常に厳しい立場にあるということを知らなければなりません。それは妥協《だきょう》を許されない立場です。今、私たちは、真に「神仏の姿」を知ろうとしているからです。また、神仏の子である自分自身の本当の姿を知ろうとしているからです。これは、まさしく生死の断崖絶壁《だんがいぜっぺき》の所に立たされているのと同じなのです。

決して〝禅宗的《ぜんしゅう》なこと〟を言うつもりはありませんが、「今、そうした気持ちでなければ、本当の意味で仏法真理を知ることはできない。悟《さと》りの道に入ることはできない」ということを言っておきたいのです。

安易な気持ちで「仏法真理の道」に入ってはなりません。安易な気持ちでこの道に入ろうとする人は、いち早く引き返してください。「本当に仏法真理を学ぶ」という意味において仏弟子《ぶつでし》になる気がある人は、それだけの覚悟をしていただきたいのです。

そして、「真に神仏を信じる」ということをスタート点として、学習に入っていただきたいと思います。この段階がクリアできない人は、まだ「情報」として仏法真理を学ぶ程度でよいでしょう。あるいは、出ている本に目を通すだけでよいでしょう。そうした別なあり方もあると思います。

以上のことを、まず明らかに記《しる》しておきます。

4　反省への前提――三宝帰依《さんぽうきえ》の精神

今から二千六百年ほど前に、仏陀《ぶっだ》は語ったはずです。今、この本を読んでいる人のなかにも、そのときに、それを聴《き》いた人はかなりの数いるはずです。それは、「仏弟子《ぶつでし》になるためには、まず三宝《さんぽう》に帰依《きえ》せよ」ということです。

「三宝帰依」とは、「仏陀に帰依し、仏陀の説く法に帰依し、仏陀サンガに帰依する（僧団《そうだん》の規律を守る）」ということです。この三点を守れない者は、少なくとも修行者《しゅぎょうしゃ》として許されないわけです。

もし、修行者としてこの道に入って、「三宝帰依」の姿勢がない場合には、「山のなかに入って、一週間、反省せよ」ということだったのです。そして、反省ができない場合には、「在家《ざいけ》に戻《もど》りなさい」ということだったのです。仏陀教団においても、修行についてこられない者は、「在家に還《かえ》る」ということ、「還俗《げんぞく》」を勧《すす》められたのです。

「この前提が分からない人は、まず、反省に入ることは許されない。反省をする資格もない」ということを記《しる》して、「序論」とします。

第2章

正見《しょうけん》

一九八九年一月七日　説法《せっぽう》
東京都・幸福の科学研修ホールにて

1　見ることに伴《ともな》う責任

「見る」ということに関し、心の改革が必要となる

八正道《はっしょうどう》の最初には「正しく見る」ということを掲《かか》げてあります。この「正しく見る」という立場には極《きわ》めて難しいところがあります。それは、みなさんが、「見る」ということを、能動的所作《しょさ》あるいは能動的行為《こうい》として、ほとんど考えていないからです。

みなさんは、「見る」ということを、「朝起きて眼《まなこ》を開けば、網膜《もうまく》に映像が映ってくる」ということのように捉《とら》えているのです。そのため、網膜に映ってくる映像を漫然《まんぜん》と追い続ける一日を過ごします。そうして一日が終わったときには、いったい何が網膜に映っていたか、これすらも忘れ果てているのです。

そこで、まず、そういう心の改革が必要となるわけです。

「目というものをもらっておりながら、すなわち、二個の目を神仏より、あるいは神仏から約束された両親より受けておりながら、目の働きというものをしかと確かめたことがあるか。その二つの目は何のために付いているのか」ということが問われているのです。

目というものは、単に道で転ばないためだけにあるのか。道を歩くためだけにあるのか。玄関《げんかん》のドアを開けるためだけにあるのか。そんなことのためだけにあると本当に思っているのか。これが問われているのです。

そうしてみると、「みなさんは、今まで、目の役割というものをあまりにも漫然と考えてきていたのではないか。目が目として機能しながら、しかし、真実の機能は果たしてこなかったのではないか」と思われるわけです。

視覚的映像を通して「神仏の意図」を発見する

みなさんの目に映されているものは神仏の創られた世界なのです。この神仏の創られた世界を、どのように判断するのか。どのように判定するのか。どのように見るのか。これは自己責任の問題です。

世界は創られています。ただ、その世界をどう見るか、その世界のなかに生きている人をどう見るか、これは一人ひとりに完全に委《ゆだ》ねられています。そして、「その目に映じた光景をどう判断しているか」について、現在ただいま、みなさんに責任を問う人は誰《だれ》もいないのです。

「あなたが、あなたの目に映っている映像を、どう判断しているか」について、誰も何も言いません。それぞれの自由です。花を美しいと思おうが思うまいが、外の景色をどう感じようが、それについて何の責任も問われていないかに見えます。

しかしながら、この世の中はそれほど無責任な世界ではないのです。

目というものが付いて機能している以上、ここに何らかの目的があります。それでは、その目的とは何であるか。それは「視覚的映像を通して神仏の意図を発見する」ということです。

そして、目が非常に大切である理由は、さまざまな器官のなかにおいては、目というものが世界認識に最適であり、役に立つ器官だからです。

もちろん、鼻で認識する嗅覚《きゅうかく》もあるでしょう。嗅覚によっても、ある程度、動物であるとか、植物であるとか、人であるとか、これを嗅《か》ぎ分けることはできるでしょう。しかし、嗅覚に頼《たよ》った世界観は非常に狭《せま》く、曖昧《あいまい》なものです。視覚に比べれば、はるかに劣《おと》ります。

また、味覚というものもありますが、味覚で理解できる範囲《はんい》も非常に限られたものです。

それから、聴覚《ちょうかく》というものがあります。これは比較《ひかく》的重要です。

「聴《き》く」ということは八正道のなかでは明らかにはされていませんが、「聴く」ということをあえて八正道のなかに入れるとするならば、これは、後《のち》に語る「正思《しょうし》」のなかに入れればよいでしょう。「聴き取った情報をどのように分析《ぶんせき》するか。聴き取った情報をもとに、思いというものをどう組み立てるか」ということですから、「正思」の一部の作用と考えてよいでしょう。

2　神仏の業《わざ》を見る

目は「霊的《れいてき》な進化と目覚め」に大いに貢献《こうけん》している

こうしてみると、八正道《はっしょうどう》の初めに出した「正見《しょうけん》」は、人間の器官のなかで、世界を認識するためにいちばん大きな働きをしている器官に結びついているわけです。

いろいろな「肌《はだ》の感覚」という触覚《しょっかく》によっても、世界認識は不十分です。「目がある」ということが、どれだけみなさんの「霊的《れいてき》な進化と目覚め」に貢献《こうけん》しているか、これに改めて気づくのではないでしょうか。

「器官を一つだけ選べ」「感覚を一つだけ選びなさい」と言われたときには、「目がある」ということが、人間として生きていることを認識する上においてどれほど役に立つか、考えてみてください。

口が動かなくても、耳が聞こえなくても、社会的にハンディはあっても、「世の中がどうなっているか」は分かります。しかし、生まれつき目が見えない方は、この世界を理解するのに困難を極《きわ》めます。「人間とは何か」が分からない。「動物とは何か」が分からない。「植物とは何か」も分からない。「目が見えない」ということは、そういう困難を伴《ともな》うのです。

正見の「見《けん》」は「see《シー》」ではなく「look《ルック》」の意味

真実の「正見」とは何であるかというと、実は、「見るという行為《こうい》をもっと高める」ということです。「映像としてのみ見、映像としてのみ受け取るのではなくて、もっと、その奥《おく》にあるものを見よ。神仏の動きを見よ」と言われているのです。「神仏の手がなした業《わざ》を見よ。その業の結果を見よ」と、ここまで言われているわけです。

それを見抜《みぬ》くことができない者は、少なくとも、「神の子、仏の子として地上に生きて、見た」とは言えません。それは「目が開《あ》いていた」ということのみであって、「見た」とは言わないのです。

これは、英語で言うならば、「see《シー》」と「look《ルック》」の違《ちが》いに似ているかもしれません。正見の「見《けん》」は「look」のほうです。「see」のように「漫然《まんぜん》と目に映る」というのではなく、「意志を集めて見る」ということです。意図的に、積極的に見なければならないのです。

3　「正見《しょうけん》」の出発点

「見る」という行為《こうい》の反省の入り口は「他人《たにん》の姿」

この「見る」という行為《こうい》をさらに分析《ぶんせき》してみたいと思います。「見る」という行為を分析したときに、問題点として、いったい何があるでしょうか。

「見る」という行為の反省で、出発点としてまず考えてよいことは「他人《たにん》の姿」です。これが入り口としてはいちばん分かりやすいのです。

それは、人間が過《あやま》ちを起こしやすい理由、心に間違《まちが》いを起こしやすい理由の一つが、「他人の存在を理解できない」ということであるからです。「理解できない」という言葉が不十分であるとするならば、「理解し尽《つ》くせない」と言い換《か》えてもよいでしょう。

いくら見ても見ても、その人の真実の姿はそう簡単には見えてきません。十年付き合っても二十年付き合っても、見えないものは見えないのです。

しかしながら、私たちは、目を通し、映像として見ているその人の姿のなかに、その人の人格を見ていることは明らかです。そのどこを見ているのか、それは定《さだ》かではないけれども、目に映じてくるその人の姿、そこからその「人となり」を判断しています。すべての人が、世界七十七億の人が（発刊時点）、こうしたかたちで、それぞれ判断をしているのです。

それは、一見、無責任な判断です。「自分が他人をどう見たか」ということに関して責任を問われたことは、かつてほとんどないはずです。自分自身を振《ふ》り返ってみて、そうではないでしょうか。「ある人を自分はこう見た」ということに対して責任を問われたことは、ほとんどないはずです。

問われたことがあるとするならば、「それを語ることによって」です。後《のち》に述べる「正語《しょうご》」においては、これが問題となります。「語ること」「表現すること」によって責任を問われることはありますが、「見る」ということのみにおいて責任を問われることはないのです。

不幸の根源は自他の「理解のギャップ」にある

ところが、実は、私たちが見ている「人の姿」あるいは「世界の姿」というものは、ちょうど、いろいろな角度から見ている人間によって捉《とら》えられるものに似ています。

「キュービズム」という芸術があって、いろいろなところに目があるようなかたちで立体的に物体を見ています。それが何を暗示しているのか、私にも十分には分かりかねますが、ピカソは、おそらく、「霊的《れいてき》な目で見た視覚世界は違う」ということを実は言いたかったのだと思います。

私たちが見ている二次元平面的な視覚像、この画像には満足ができない。神仏が創った世界は、そういう二次元平面的に捉えてはならない。それは、もっと霊的に、直覚的に、すべてを包括《ほうかつ》するかたちで見なければならない。そう考えて努力した結果が、おそらくキューービズムの芸術となったのであろうと私は考えます。

私たちはいろいろな人を見ていますが、しかし、必ずしも全方位から見尽くすことができないでいます。もしすべての人を心底分かりえるとしたならば、そこに何の理解のギャップが生じましょうか。そこに何の混乱が起こりましょうか。そこに何の不幸が生まれましょうか。

不幸の根源は「理解のギャップ」ではないでしょうか。「自分自身の自己理解」と「自分に対する他人の理解」との懸隔《けんかく》、あるいは、「自分の、他人に対する理解」と「その人の、その人自身についての解釈《かいしゃく》」との違い、こうしたことから人間関係の不幸は生まれてきているように思えるのです。

こう考えてみたとき、「実は、これは大変なことだ」ということが分かってきます。恐《おそ》ろしくて目を開けていられない。そこまでの責任感が出てこなければならないのです。

自分の目に映じている人たちの姿は本当に納得《なっとく》のいく姿なのか。自分はその人の印象というものを目を通して受けるが、それをそのままに受け取ってよいのか。その印象は確かか。

「印象に基《もと》づく、他人への評価」を、その重大さを知ってか知らずか、誰《だれ》もが必ずしています。印象を通して人の評価をしているが、それははたして正しいのか、これが問われるのです。

こう考えると、「人を見る」という一つのことでさえ、大変なことになってきます。

４　自他の姿は合わせ鏡

また、「一日中、いろいろな人を正しく見る」ということと同様に難しいのが、「自分自身を正しく見る」ということです。これも反省においては欠くことのできない作業です。

これは、「他人《ひと》を正しく見ることができない人は、自分自身をも正しく見ることができない」と言うこともできます。あるいは、「自分自身が見えない人は、他人を見ることもできない」と言い換《か》えることもできます。共に真実です。

真に自分自身を知らぬ人は他人を知ることもできません。それは、「自分のなかに神の子、仏の子を発見できなかった者は、他人《たにん》のなかに神の子、仏の子を発見することもできない」ということと同じです。

また、他人のなかに神仏の心に反する姿を見ることのできない人もまた、自分のなかに神仏の心に反する姿を見ることができません。自分が神仏の心に反した姿をしていること、そうした振《ふ》る舞《ま》い、行動をしていること、そうした生き方をしていることを発見することができないのです。

逆も真《しん》です。自分自身の生き方、行い方、これが神仏の目から見て真実のあり方に反していることが分からない人は、他人《ひと》のそれもなかなか分かりません。程度の違《ちが》いはもちろんあるでしょうが、そうしたものです。

したがって、「他を見る」ということと「自己を見る」ということは、合わせ鏡を見ているようなものであり、自と他の両方を見て初めて、本当の姿が見えてくるのです。自と他はまさに合わせ鏡なのです。

「他人《たにん》だけが見えて自分が見えない人」もいなければ、「自分だけが見えて他人が見えない人」もいません。両方が見えなければ、「本当の自己像」「本当の他人像」「本当の世界像」は決して浮《う》かんでこないのです。

5　正しく人を見るための判断基準

では、「他人《たにん》を見る」「自分を見る」ということの正しさは、いったい、どこに力点を置いて捉《とら》えなければならないのでしょうか。どういうところに注意して見なければならないのでしょうか。

①映像を客観的に捉える

他の人を見る際の判断基準を述べると、第一段階においては、「目に映った他人の姿」を情報として客観的に捉えることが大事です。

第一段階においては、主観を交え、それを判定しようとしてはなりません。まず客観的に見ることです。どういう人となりであるか。どういう行為《こうい》であるか。どういう表現の仕方であるか。どんな表情であるか。これをまず客観的に捉える必要があります。

このときには、できるだけ「無私」であることが大事です。私心を入れないで、まず観察をする。この観察が第一段階です。

②自分の感じ方を知る

その次にあるのが、「自分の目に映じたその人の姿を、自分はどう感じるか」ということです。これが第二段階になります。まず、客観的にその姿を見、その次に、「それを自分はどう感じるか」を知るのです。

例えば、第一印象で「いい人」か「よくない人」かの判定もあるでしょうし、「好きな人だ」「あまり好きじゃない人だ」という判定もあるでしょう。「少し賢《かしこ》そうな人だ」と思うこともあれば、「その反対だ」と思うこともあるでしょう。

あるいは、「嫌《いや》なところがある人だな」と思うこともあれば、「きつい感じだな」

と思うこともあります。「優《やさ》しいな」と感じることもあれば、「ちょっと甘《あま》い人じゃないか」と見る場合もあります。

いろいろありますが、その人のありようを何らかの感想を持って眺《なが》めるはずです。この感じ方、「自分はどう感じたか」ということを知る必要があります。これが第二の段階です。

③相手を相手の立場から見る

そして、第三段階は、「自分の感じたその姿は、相手の立場に立ってみたら、どうなるか」ということです。こういう判定基準があるのです。

例えば、自分はその人を「きつい人だな。厳しい人だな」と見た。しかし、こういう見方について、その人の立場に立った意見を聞かされたら、どのように感じるだろうか。自分の見方を、その人は「正当だ」と思うだろうか。「半分ぐらいは当たっている」と感じるだろうか。「まったく当たっていない」と感じるだろうか。

こうしたことを推測し、忖度《そんたく》する必要があるのです。

この推論をしてみるだけで、「自分とは意見のズレがあるだろう」と思える人がいることに気づきます。

「自分は『この人はこういう人だ』と思うが、この意見については、たぶん、この人も納得《なっとく》するだろう」と言える見方もあれば、逆に、「この人は、たぶん、そうは思っていないだろう。きっと『自分はそうではない』と思っているだろう」という見方もあります。このように、いろいろなズレのあることが分かるのです。

ピッタリと一致《いっち》することもあれば、まったく外れてしまうこともありますし、ある程度、重なっていることもあります。いろいろあるはずです。

④仏法真理《ぶっぽうしんり》の立場から見る

こうして三つの見方で見た映像を通過した上で、四番目にしなければならないことは、「仏法真理《ぶっぽうしんり》の基準から見たときに、自分が見た相手の像の解析《かいせき》、印象と、相手の立場を想定したときの相手の像の印象と、どちらが正しさに近いか」を考えることです。この両者を仏法真理の立場において考えてみる必要があるわけです。

この「仏法真理の立場において考える」という作業に、みなさんが日ごろ勉強している仏法真理の知識が役に立ちます。仏法真理学習の蓄積《ちくせき》が役に立つのです。

例えば、「こうしたタイプの人に対して、高級諸霊《しょれい》はどのように考えていただろうか。また、自分がこういう人から受けた印象、自分が思ったことに対して、どのように理解せよと言っておられるだろうか」と考えてみる必要があります。

『大川隆法霊言《れいげん》全集　第23巻　イエス・キリストの霊言②』の第1章「愛の復活」を読んだことがあるならば、その観点から見て、「相手のあり方を自分はどう捉えているか。その考え方に何らかの反省点がありはしないだろうか」と考えてみることです。

『大川隆法霊言全集
第23巻』（宗教法人幸
福の科学刊）

また、『釈迦《しゃか》の本心』という本で学んだことを基準に考えた場合、「自分の自己印象と、『それを相手はどう感じるか』と考えたこと、これを仏法真理の目で見たらどうなるか」ということなど、点検すべき材料はいろいろあります。

こうしたことを一つひとつ追跡《ついせき》していき、「自分の印象はどこまで当たっているか。『相手はこう思うだろう』ということに関し、相手のほうにズレがあるとしたら、どの程度までズレがあるのか。あるいは相手のほうがどこまで合っているのか」ということを点検してみるのです。

そして、点検の結果、お互《たが》いにまったく違《ちが》うように見ているものについては、それをどこかで一致させる必要があります。この作業の部分が本当の反省です。

『釈迦の本心』（幸福の科学出版刊）

⑤神仏と心を通わせる気持ちで、自他の思いを見る

四段階目で「仏法真理の基準において正しく見る」ということを挙げましたが、これはまた違ったかたちで見ることも可能です。四段階目の「仏法真理の基準に照らして、あるいは仏法真理の知識に照らして見る」ということもなかなか困難な部分はあるので、そのときには、もう一つ違った方法があります。

それは何であるかというと、「心を空《むな》しゅうして、神仏と心を通わせる気持ちで、神仏の心に通じる気持ちで、静かに自分の思いと相手の思いを見てみる」ということです。空しく、まったく利害というものを放下《ほうげ》し、そして、執着《しゅうちゃく》というものを去って、自分のあり方、他人のあり方などについて見てみるのです。「自分の見た相手の像が間違っていないか。あるいは、相手の『自分はこうだろう』と思っている自己像のほうが本当に間違っているのか。また、こうした像のズレを知ったときに、いったいどのように埋《う》めていけばよいのか」ということを、心を空しくして見なけ

ればならないのです。

こうしたときに、例えば、自分の受ける相手の印象が悪かったとしても、「実はとんでもない考え違いであった」と気づくこともあります。「相手の立場のほうがやはり正しかった。そのように見られたら、相手は『不当だ』と思うだろうけれども、そう思うほうが正しい」ということもあるのです。

6　愛に先立つ智慧《ちえ》

うぬぼれて、増上慢《ぞうじょうまん》になっている人をどう見るか

人を見る場合には、見方はいろいろとあります。

ここで、ある人が非常にうぬぼれていくとしましょう。みなさんのなかにも、そういう可能性のある人は多いでしょう。例えば、ある程度、役割を与《あた》えられるとします。幸福の科学で言えば、上級セミナーの試験に合格したり、支部長あるいは支部の役職者に選ばれたりするとします。その時点では、確かに優秀《ゆうしゅう》な人として目をかけられたかもしれません。しかし、それはやがて変化していきます。一年後の姿は一年前の姿と同じではありません。その人は、向上しているか、堕落《だらく》しているか、あるいは現状維持《いじ》であるかという三つのうちの一つです。

そうした人の姿を見ているときに、例えば、その人が増上慢《ぞうじょうまん》になっていき、転落間際《まぎわ》だと見えるとしましょう。そういうときに、やはり見方はいろいろとあるのです。

一つには、「確かにこのままでは悪になってしまう、間違《まちが》いになってしまうので、厳しく糾弾《きゅうだん》しなければならない」という見方があります。

しかし、別の見方もあります。単に「間違ってきているから糾弾しなければならない」という考え以外に、「自分の与えた愛というものを、もう一度振《ふ》り返ってみなければならない」という点があるのです。

その人が、そうなってきた理由は、甘《あま》やかしにあったのではないのか。愛のなかには優《やさ》しさがあるが、優しさが甘やかしになっていて、こういう危険なところまで本人を追い込《こ》んでしまったのではないか。

今、考えなければならないことは、

「そうなったから、その人が悪い」ということではない。
そう考えるよりも、「自《みずか》らの愛の実践《じっせん》において、
愛に先立つ智慧《ちえ》が足りなかったのではないのか」
ということを考えなければならない。

こういう見方もあるわけです。

愛の与え方において、それに先立つ智慧があったかを反省する

その人に愛を与えるに際して、
こういう傾向性《けいこう》のある人で危険性があるならば、
事前によくそのことを見抜《みぬ》いて、
このように接していくべきではなかったのか。
あるいは、順序を追って、その人の成長を図《はか》っていくべきではなかったのか。

丸ごとすべてを与えることをもって愛と勘違《かんちが》いしていたのではないか。
「惜《お》しみなく愛を与える」と言うが、
その人にとってまだ時期が来ていないときに、愛を与えた結果、
その人の増上慢の芽をつくったのではないのか。
そうであるならば、
その人が、「ゆくゆくは、
そのような立場に立って当然の素質を持つ人である」と思えたとしても、
その性格をよく見抜いて、
本人の自覚が高まるにつれて、少しずつ立場を上げていくなり、
扱《あつか》いを上げていくなりすることもありえたのではないか。

このように、「愛の与え方において、それに先立つ智慧があったかどうか」という自己反省の仕方もあります。単に「おかしくなってきたから糾弾する」という見

方だけではなく、こういう見方もあるのです。

7　多様なる認識の上に

霊的《れいてき》に成長するほど、多様な見方ができるようになる

このように、見方の可能性はいろいろとあり、これを探究していくときに、私たちの魂《たましい》はどんどん進化していきます。飛躍《ひやく》していくのです。「いろいろな見方ができる」ということ自体、「私たちの霊格《れいかく》、人格が進んできている」ということなのです。一面的だけにしか見えないのは、まだ霊的成長としては不十分です。霊的成長が高まれば高まるほど、いろいろな角度から物事が見えるようになってくるのです。

おそらく、神仏の目から見ても、そうであろうと思います。いろいろな角度からすべて見て、それなりの評価をしているのでしょう。「これに近づいていく」とい

うことは、「多面的な見方ができるようになる」「違《ちが》った見方ができるようになる」ということです。仏法真理《ぶっぽうしんり》を探究する過程において、多様な見方ができるようになるのです。

多様な見方をした上で、神仏の心に近い判断を出す必要がある

しかし、ただ単に多様であるだけでは駄目《だめ》です。単に多様であることを認め、「まあ、こういう見方もある。こういう見方もある。こういう見方もある」と、店頭の商品でも並べているかのように数え上げ、「いろいろな見方があるから」ということで、「結論を出し判断を示す」ということから逃《のが》れるのであっては、この多様性は、産物、実りを生みません。多様な認識は必要ですが、多様な認識が多様な結果だけに終わってしまったならば、「そこには何らの霊的努力がなかった」ということなのです。これを知ってください。

「多様な見方ができるようになる」ということは、明らかに霊的な進歩です。し

かし、多様な見方ができるようになり、多様な結論が導き出され、多様さを多様さとしてそのまま放置しておくならば、それはアナーキー（無政府状態）、無秩序《むちつじょ》の状態にすぎません。それは、混沌《こんとん》に返っていくことになるのであり、いったん進化しかけた霊的な芽生《めば》えが、また逆戻《ぎゃくもど》りしていくことになります。

いったん多様な見方をした上で、是《ぜ》が非《ひ》とも、神仏の心に近い判断をしなければなりません。「こういう見方もできる。ああいう見方もできる」と、さまざまに考えた上で、「では、現在ただいまの自分の仏性《ぶっしょう》の許すかぎり、霊性《れいせい》の許すかぎり、全身全霊の判断として見て、どう結論づけるか」ということを出さなければならないのです。これを回避《かいひ》してはならないのです。

多様な見方ができるようになるために努力した結果、「相手もよいところがある。自分もよいところがある。お互《たが》いによいところがあるので、いろいろな姿に見えるが、まあ、それはしようがない」というようなことでは、済まされないのです。これでは、また無秩序の世界が始まります。理解することは大事ですが、理解のあとに意味づけが必要なのです。そして、この意味づけに関して、自己の責任が出てくるということなのです。

8　優《やさ》しさと厳しさをブレンドして人を見る

イエス・キリストの最期《さいご》に学ぶ「人を正しく見ることの難しさ」

この自己の責任の生じる、「正しく見たかどうかの最後の結論」を出すときには、勇気が要《い》ります。どのような人であっても勇気が要ると思います。

イエス・キリストといわれる方であっても、そうです。ゴルゴタの丘《おか》で最後に十字架《じゅうじか》につながれ、磔《はりつけ》になったとき、彼は、周りの罪人《ざいにん》たちにも祝福を贈《おく》りました。また、自分に対して害を与《あた》える人に対しても、「彼らは何も知らないのです。神よ、彼らの罪を許したまえ」と言っています。このイエスの見方について、「百パーセントか、九十九・九パーセントか、九十九パーセントか、いったいどれだけの正しい見方を彼は最後にしたか」と問うたときに、これはなかなか難しいところがあるのです。

というのは、置かれた状況《じょうきょう》を状況として判定する場合、彼の見方はおそらく最高限度に近いものであったでしょう。彼の教えのなかには、「右の頰《ほお》を打たれたら左の頰も差し出せ」「上着を取られたら下着も与えよ」「百里行こうと言われたら千里行け」というような教えがあります。その教えの実践《じっせん》の結果がどうなったか。それが、あの最後の結末になっているわけです。

「暴力を与えんとする者には与えさせよ」ということを言っているわけですが、その結果があの最期《さいご》になったわけです。十字架での最期は、他の罪人への祝福と、自分を迫害《はくがい》する者への愛において終わったけれども、最期におけるその見方はよいが、それに至る途中《とちゅう》において、「そうした行為《こうい》を許した」という点で、彼自身、はたして正しく見ていたかと問うたときに、「イエス」とは言いかねるのです。

そこに至るまでの間の見方、分析《ぶんせき》、考え方、思いを正当に評価しうるかといえば、必ずしもそうとは言えないところがあります。そこまで来るには来るだけの理由があり、過程があったはずです。要するに、「その過程において、『人をどう見るか』ということについて、もう少し上手な、あるいはレベルの高い見方ができたのではないか」ということです。

ユダの問題は、イエスの優しさゆえに招いた悲劇とも言える

ここで、私たちは、ユダの問題を考えなければならないと思います。「イエスはユダをどう見たのか」という問題です。これは、『大川隆法霊言《れいげん》全集 第5巻 イエス・キリストの霊言』（宗教法人幸福の科学刊）のなかにも書かれている内容ですが、「ユダをどう見たか」「ユダの動きをどう見たか」「ユダの結末をどう見たか」ということです。

一言《ひとこと》で言えば、「なぜあそこまでやらせたか」ということです。真に正しく見たのであるならば、なぜあそこまでやらせたか。あそこまでやらせる前に、なぜ一喝《いっかつ》を与えなかったか。なぜもっと智慧《ちえ》を持って見てやらなかったか。なぜ智慧を持っ

た愛をもっと与えてやらなかったか。これは考えなければならないところです。

イエスは、ユダの傾向性《けいこう》を見ていたでしょう。ユダの傾向性から、「結果としてこうなるであろう」ということは見えていたでしょう。しかしながら、自分のかつて愛した弟子《でし》であるがゆえに、自分の伝道の初期のころに愛した弟子であるがゆえに、伝道の初期のときに協力してくれた弟子であるがゆえに、厳しさを出すことができなかったのでしょう。

イエスは、ユダについて、「現在、魂的《たましいてき》にはよくなくなってきている。また、霊《れい》道《どう》も開きかかって、悪霊《あくれい》もよく入り始めている」ということは十分に知っていました。そして、他の者からも不満は出ていました。「先生、あのユダをどうにかしてください」と、他の弟子たちは言っていたのです。現実に言っていたのですが、しかし、「ユダは自分の最初のころの弟子であって、最初のころにいろいろとずいぶん骨を折ってくれた。その愛を思うときに厳しくはできない」という遠慮《えんりょ》があったのです。

そして、結果はあのようになりました。運命と言えば、それまでです。しかし、運命ではないと言えば、それもそのとおりです。まだ選択《せんたく》の余地はあったのです。

これは、あのような大指導霊であっても、「正しく見る」というところにおいて、究極までは行かない部分がまだあるということなのです。イエスの魂は、過去幾転《いくてん》生《しょう》する過程において、何ゆえに何度も悲劇の死を遂《と》げたか。これは、「そうした運命を担《にな》っていた。役割だ」と言えば、それまでです。「自己犠牲《ぎせい》の愛を、彼はあくまでも愛の本質と見ていた」と思えば、それまでです。

彼の魂は、過去幾転生のなかで、何度もあのような最期を遂げています。アガシャーのときもそうでした。それ以外のときにも、同じようなことがずいぶんありました。アガシャーのときは、最期は処刑《しょけい》されて生き埋《う》めにされるところまで行っています。そこまでさせているのです。させているのであって、されたのではないのです。その愛の見方ゆえに、させたのです。愛ゆえに、多くの人々への愛のためには、自分の命を捨てるということが最大の愛だと思うがゆえにです。

それは一つの方法論でしょう。しかし、その甘《あま》さゆえに、優《やさ》しさゆえに、あるいは増長させたがゆえに、あのような悲劇は起きているのです。

釈尊《しゃくそん》は、「人を見る」ことにおいて、イエスと違《ちが》いがある

これと対照的なのが釈尊《しゃくそん》です。過去幾転生を見ても殺されたことはほとんどありません。

それはなぜか。

この「見る」というところにおいて、イエスと釈尊には違《ちが》いがあるのです。究極的に人を生かすというところにおいて、どれだけ優しさと厳しさをブレンドできるか。ここに、本当はいちばん難しいところがあるのです。コーヒーのブレンドではありませんが、人を見る際には、優しさと厳しさのブレンドの仕方がいちばん難しいのです。そして、それによって〝香《かお》り〟が出てくるのです。

9　環境《かんきょう》に対する視点

生かされている世界が見えるか

そのほかに、「正しく見る」ということにおいては、他人《たにん》と自分の見方だけでなく、「周りの世界をどう見るか」ということも非常に大事です。

「生かされている世界が見えるか、見えないか」ということです。これは、「環境《かんきょう》を見る」という言葉に言い換《か》えてもよいかもしれません。幸・不幸の原因のほとんどは、「自分を取り巻く環境をいかに見たか」にかかっていることが多いのです。

これは、私たちの理論を学んでいる人であれば、十分お分かりのはずです。「幸・不幸の原因は、環境をいかに見るかにかかっている。ここにそうとう大きな比重がある」ということを学んでいるはずです。

というのも、百パーセント完全な理想的環境というものはないからです。他人の置かれている環境はうらやましく思えるかもしれませんが、その環境に自分が置かれたときに、それが百パーセントのものであるかといえば、そうではないのです。やはり、環境において百パーセントということはないのです。

例えば、贅沢《ぜいたく》をしたい人であれば、王宮に住むことは一つの夢かもしれません。しかし、仏法真理《ぶっぽうしんり》を学ぶ人にとっては、王宮に住むことは、別な意味での苦しさになってくることもあります。環境という客観的なものがあって、それさえ満たされればすべて幸福に転ずるかといえば、そうではないのです。

「心が変われば環境も変わって見える」「心に応じた環境が現れてくる」

ここに、環境に関する二通りの見方があります。第一の見方は、「心が変われば環境も変わって見える」という考え方です。これは、「●三界《さんがい》は唯心《ゆいしん》の所現《しょげん》」という考え方に近く、ある範囲《はんい》まではこのとおりに見ることができます。

●三界は唯心の所現　三界とは「欲界《よくかい》」「色界《しきかい》」「無色界《むしきかい》」のことで、この三界に現れるすべてのものは、心から現れたものであり、心を離れては存在しないもので、心のみが実在であるという意味。

いま一つの見方は、「心に応じた環境が現れてくる」という考え方です。第一の見方と似ていますが、少し違《ちが》います。前者は「与《あた》えられた環境をどう見るかに工夫《くふう》をする」ということで、後者は「与えられる環境そのものが変わってくる」ということです。そういう違いです。この二通りが、環境に関してはあります。

そうして、見方を変えていくときに、どちらかの現象が起きます。環境を見る目を変えたとき、まず、現に与えられた環境自体が違ったように見える場合と、環境に対する見方を変えたために新たな環境が与えられてくる場合と、この両者があります。どちらも真理です。時間的ズレはありますが、第一の場合から第二の場合へと移行していくことがほとんどです。

そこで、なぜ環境の見方によって幸・不幸ができるのかについて考えていかなければなりません。この結論は、第4章の「正語《しょうご》」のところで述べることにします。

10　植物・動物へのまなざし

いま一つ、「見る」ということに関して大事なことは、動物、植物など、人間以外の生物の見方です。これへの目を決して忘れてはなりません。動物にしても、魚もあれば、牛や豚《ぶた》、その他、ミツバチなど、いろいろなものがありますが、「こうしたものたちの恩恵《おんけい》を考えたことがあるか」ということです。大部分の人は、それを真剣《しんけん》に考えたことがありません。そうしたものは目に映ってはいるのです。いろいろなところで目には映っているけれども、それについて考えたことがないのです。目に映したままで過ぎ去っているのです。

これは、逆の立場から見れば、かわいそうなことです。みなさんは、職場で働いていて、自分が一生懸命《いっしょうけんめい》に働いているのに上司から認められなかったら、不満でしょう。動物や植物たちは一生懸命に働いているのです。奉仕《ほうし》しているのです。花もまた、みなさんに美しい環境《かんきょう》をつくるために一生懸命に成長しているのです。そのようなことを思ったことがあるでしょうか。「私たちの目を楽しませてくれるために、生命力いっぱいに頑張《がんば》っている」という見方をしたことがあるでしょうか。

本当に「真説《しんせつ》・八正道《はっしょうどう》」が板についてくると、植物の気持ちまで分かってきます。よく分かるのです。伝わってくるのです。悲しんでいるのも、喜んでいるのも、すべて分かってきます。みなさんも、やがてそのようになるでしょう。動物の気持ちまで分かってきます。そういうものなのです。

これは、「真に彼らを見る」ということができていない人には決して分からないことです。そうした生命たちが、かいがいしく生きているということを思ったことのない人間、いや、正しく言えば、生命たちが一生懸命に生きている姿を見たことのない人間には、彼らの気持ちは分からないのです。そうした感情は湧《わ》いてこないのです。

感情の変化には必ず原因があります。「見る」ということも最大原因の一つです。正しき感情、あるいは崇高《すうこう》な感情を起こすためには、「正しく見る」という行為《こうい》が不可欠なのです。

以上、入門レベルで、宗教的生活のあり方を「正しく見る」という言葉に忠実に解説しました。深く仏教を勉強された方からは、「正見《しょうけん》」とは「正信《しょうしん》」である。とか、「正しい見解《けんかい》」である。「正しい観察《かんさつ》」であるとかいう解説もされることがあります。「正しい信仰《しんこう》」はもとより「正見」の基礎《きそ》ですが、入信時に、過去の間違《まちが》った信仰や、唯物論《ゆいぶつろん》、科学的実証論を捨てさせるものです。いったん、信仰者となったなら、日々の心の点検としての「正見」が大切です。

第3章

正思《しょうし》

一九八九年一月二十一日　説法《せっぽう》
東京都・幸福の科学研修ホールにて

1　正思《しょうし》の基準は神の心

幸福の科学の「正しき心の探究」は「正思」のあたりに照準がある

本章からは八正道《はっしょうどう》の要《かなめ》のところになります。「正思《しょうし》」の部分は、そう簡単には卒業できません。何回転生《てんしょう》しても、それほど簡単には卒業できない部分です。幸福の科学の「正しき心の探究」というものも、このあたりに照準があることもお分かりになると思いますが、修行《しゅぎょう》として容易には終わらないところであります。

まず、正思の根本《こんぽん》はどこにあるのでしょうか。それは神仏の心です。

人間は、「正しき心」というものについて、いくら考えても、追いかけても、なかなか分かるものではありません。それが現実であろうかと思います。

なぜならば、「正しき心」の根本というものは、人間に求めるべきではないからです。それは神仏に求めるべきことなのです。この尺度こそ、神仏に求めなければ、求めるところがないのです。ここにあるのです。

もし、神のお心は違《ちが》ったところに基準があるとしたら、人間の考え方、行動のパターンも違ったものになるはずなのです。ただ、北極星に向かうがごとく一定の方向へと向かうことを義務づけられている理由は、この「正しい思い」というものが神の側から規定されているためです。そう考えてよいでしょう。

「正しき思い」の根源にあるエル・カンターレ意識

では、この「正しき思い」という神の側の規定は、いったいどこに求めていけばよいのでしょうか。そのことについて考えてみたいと思います。

さて、八正道については、通常、人間のほうから出発して述べていますが、ここで、逆のほうから考えてみたいと思います。

地球系霊団《れいだん》には救世主の住む九次元宇宙界があり、その下に、魂《たましい》の境涯《きょうがい》に応じて八次元、七次元……といった階層に分かれています。

九次元には十体の大霊が存在し、その中心にはエル・カンターレ意識があります。地球系霊団ではエル・カンターレが最高の立場に立っており、エル・カンターレを中心にした意思決定がなされています。

したがって、私たちが今、この正しき心の探究、あるいは正思の部分を突《つ》き詰《つ》めていくときに、いちばん関係があるのは、やはりエル・カンターレ意識であるのです。

エル・カンターレは、「大毘盧遮那仏《だいびるしゃなぶつ》（法身《ほっしん》としての仏陀《ぶっだ》）」と「大救世主」の側面を併《あわ》せ持った存在です。要するに、「仏」と「神」とを合一させた偉大《いだい》なる霊存在がエル・カンターレなのです。

エル・カンターレの名は、地上ではいまだかつて知られたことがありません。これが、いわゆる「地球神」なのです。地球神とは「エル・カンターレ」と呼んでいる存在のことをいうのです。イエス・キリストに「天なる父」と呼ばれ、イスラム教では「アラー」とも呼ばれ、日本神道《しんとう》的には「天御祖神《あめのみおやがみ》」と呼ばれ、中国では「天帝《てんてい》」といわれた存在なのです。地球系霊団全体へ霊光線《れいこうせん》を発している大きな光です。

そして、それがある意味で「大日信仰《だいにちしんこう》」といわれたりしていたわけですが、それが、実はエル・カンターレと呼ばれる存在なのです。これまでの歴史のなかで明確に説かれてはいませんでしたが、そのような存在が実在するのです。

このことが、これまでに明らかにされることがなかったのは、地球系霊団の歴史のなかでエル・カンターレの本体としての下生《げしょう》は過去二度だけだからです。ただ、エル・カンターレの魂の分身が何度も地上に下りて人類を指導してきたため、そうした存在があるということは、いろいろなかたちで過去、推定はされていました。

そして、現代、三度目の下生をし、「エル・カンターレ」の名を明らかにしたわけです。

2　多様なる教えの統合

幸福の科学が多様な霊人《れいじん》の意見を紹介《しょうかい》している理由

これまでに、私はいろいろな霊言集《れいげんしゅう》を出し、菩薩《ぼさつ》や如来《にょらい》をはじめとする多様な意識というものを紹介《しょうかい》してきました。みなさんのなかにはそれを学んだ人も多いでしょう。ただ、多様さを多様さのままで放置しておいては、人間はいったいどの方向に向かっていけばよいのかが分かりません。

幸福の科学でさまざまな霊人《れいじん》の意見を紹介している理由は、一つには「個性の証明」という観点があり、そのために多様性を出している面があります。そして、そのような意味では、今後も「多様性」としていろいろな人のいろいろな考えが紹介されていくことはあるでしょう。

ただ、一つの問題点として、九次元霊や八次元霊といわれる方でもさまざまな意見があるため、地上にいる人間にとっては意見の統一が難しく、なかには「どんな考え方を出してもよいではないか」といった意見も出てくるはずです。これは、「正思《しょうし》」という観点から見ると、どこかが危険なのです。

多様な意識の高下を平面的にしか捉《とら》えられない地上人の限界

では、何が違《ちが》っているのでしょうか。これを考えなければいけないわけです。なぜ、多様性を多様性のままで置いておくと問題があるのか、また、多様性の認識が出てくるのか。この点をもっと探《さぐ》る必要があるのです。なぜ、こうした教えや考え方が多様に見えるのかといえば、それは、私の意識の認識によるわけです。

私は、他の救世主や、如来あるいは菩薩といった方々が、何らかの教えを説こうとして語りかけていることに関し、コメントすることはできますし、意識の上下の違いを説明することも可能です。また、彼らを教える仕事もしています。しかし、そのように意識の段階差があるものであっても、それを見た地上の人がそのまま模《も》倣《ほう》したらどうなるでしょうか。地上ではその違いがまったく認識できず、平面的にしか見えないわけです。平面的に広がった意識の違いでしかなくなるのです。

私は、それぞれの意識に横の空間的な違いがあるだけでなく、上下にも前後にも違いがあることもはっきりと分かっているので、「この人の考えは、霊界《れいかい》の座標軸《じく》に照らし、縦・横・高さで見るとどの位置にある考え方なのか」ということも分かります。

ところが、普通《ふつう》の人間には、平面的にしか捉《とら》えることができません。そのため、自分たちが座《すわ》っている、あるいは立っている平面のどこかに割り当てようとします。すなわち、高級霊の意見の相違《そうい》を、自分とは違う考え方を持っている人との意見の相違というように考えてしまうのです。これは、三次元以降の多次元空間の座標軸を、二次元的、平面的に焼き直して理解しているということです。そのように翻訳《ほんやく》の仕方に違いがあるということの意味を知らなければなりません。ここを間違うと、

「正思」は絶対にできないのです。ここは根本《こんぽん》であります。

多様な教えを統一する「エル・カンターレの法」

そこで、その次なる段階の教えとして、多様であったものを統一していく必要があるわけです。そういう教え方をしないと、人間は理解できず、混乱してしまうのではないでしょうか。

この統一をしようとしている意識がエル・カンターレなのです。九次元以下の考えをまとめようと、今、エル・カンターレの法を中心に説いています。

今後も、さまざまな霊言等が出るとしても、それらを、上位にある存在の考えで統合していきます。この意味において、考え方がまとまっていると言えるでしょう。

3　多様性の意味

信仰心《しんこうしん》とは「神仏の世界を知るための鍵《かぎ》」

では、なぜ、上位にあるものが出てきて意見をまとめようとするのでしょうか。ここには、どうしても「信仰心《しんこうしん》」の問題が出てくるのです。

信仰心とはいったい何でしょうか。それは「神の世界を知る力」です。信仰心なくして、この世界を知ることはできないのです。信仰心は「神仏の世界を見るための鍵《かぎ》」なのです。

すなわち、信仰心とは、「自分たちよりも上位にあるものたちの考えを、謙虚《けんきょ》に学ぼうとする心」なのです。「上位にあるものたちの心や考えを、謙虚に学ぼうとする心」のことを信仰心というのです。

この気持ちがないと、いろいろと段階差のある考えも、平面的にしか翻訳《ほんやく》されないわけです。そのため、神様のさまざまな考えについても、地上にいるさまざまな人の考えの違《ちが》いと同じようにしか受け止められなくなってきます。それがどういう位置づけにあるかが分からなくなるわけですが、ここには非常に危険な面があります。

私は、これまでにさまざまな霊人《れいじん》の考えを出すなかで、そのことを感じてきました。私が高い次元から観《み》て言っていることも、人々はその正しい位置が分からないために、違うところから見て解釈《かいしゃく》し直してしまいます。

そういった意味で、高次元の観点からこれまでに出したものを、もう一回まとめ直していこうと考えています。そうしなければ分からないからです。私の立っているところからは、ほかの教えの位置がよく観えても、地上の人間の位置からは必ずしも見えません。この点を間違えないでください。

神仏の光の「多様性」の意味と注意点

次に大事になってくるものは何でしょうか。

頂点から出てきた光がプリズムを通して七色に分かれ、霊的世界および地上に流れていきます。その光のもとに、いろいろな理念が体現されているわけです。そして、それは、人間に理解されやすいように、あるときには「愛の教え」といわれ、あるときには「慈悲《じひ》の教え」といわれ、また別のときには「勇気の教え」ともいわれ、またあるときには「智慧《ちえ》の教え」ともいわれています。こうしていろいろな教えが説かれているわけです。

これは、人間が学んでいく過程において必要であるために、そうしたプリズム化が行われているのです。そして、それぞれの人の魂《たましい》にとっていちばん学びやすいところから入っていっているのです。

この意味において、それぞれの魂は、黄色の光線、あるいは青色の光線、紫色《むらさきいろ》の光線など、さまざまな光線下にあって修行《しゅぎょう》をしているわけですが、それは「自分の魂が進化していくための一つの過程である」という観点を決して忘れてはなりません。例えば、「自分が紫の光線にいるから、それのみが真理だ」と言ってはいけないように、赤色や黄色など、他の光線下にいる人たちのことも善として認めなければいけないのです。

こうしてみると、多様な教えが出ていることの根底には、修行のなかにある者同士が、ある程度の距離《きょり》を持ってお互《たが》いを認め合うような寛容《かんよう》さを出していくための方法であることが分かります。多様さというのは、それぞれ一つの道を通して修行する者同士が互いに反目し合うのではなく、「より大きな神の芸術をつくっていくために生きている間柄《あいだがら》なのだ」ということを証明する意味合いがあるわけです。

それは、決して、「神の教えは、AでもBでもCでもDでもよい」ということを意味しているのではありません。この点をしっかりつかまないと、「正しい思い」ということは絶対に分からないのです。この多様性の解釈を間違って、「Aの考えでも、Bの考えでも、Cの考えでもよい」ということで、何でもよいことにしてしまったら、八正道《はっしょうどう》のなかの「正思《しょうし》」は存在の意味がありません。「それぞれの人が、それぞれの都合《つごう》ですればよい」というのであれば、「正思」が探究の目標にはならないはずです。また、幸福の科学の「正しき心の探究」は意味をなさないことになるのではないでしょうか。

したがって、あくまでも、「究極において一点に集まるものがある」ということを忘れてはならないのです。一点から分かれてきたものは、それぞれの魂の道筋《みちすじ》において、過程において、学ぶべきものとして提示されているのです。

この一つの道筋のなかにあるものにとって気をつけなければならないことは、「自分の考え方が絶対だと思ってはならない」ということです。寛容の心を持ってそれぞれの道筋を認めながら学ばなければならないのです。

4　天上界《てんじょうかい》における意思統一

自分の認識を超《こ》えた「神仏の創られた世界」があることを受け入れる

本書の序論でも、大きな意味における信仰心《しんこうしん》という土台に立っての仏法真理《ぶっぽうしんり》の「探究・学習・伝道」であると述べたはずです。

それは自然科学的なものではないのです。単に実験をして、「これはプラスと出たからオーケー」「これはマイナスと出たから違《ちが》う」という意味での探究を言っているのではないのです。

神仏の創られた世界は、人間が探究しようがしまいが厳然としてあるのです。また、この世界の法則は厳然たるものとしてあるのです。それは、人間が見ようと見まいと、聞こうと聞くまいとあるのです。これが前提であって、そうした前提が分からない者は、探究の入り口に立てないということなのです。

自分の目を通して認識できるものだけを理解することが探究だというのであれば、これは大変なことになります。そのようなものは、顕微鏡《けんびきょう》を通して宇宙を見ようとしているのと同じことでしょう。あるいは、万華鏡《まんげきょう》を通して宇宙を見ようとしているのと同じことです。それほどに違いがあるのだと考えてください。

五百人の大霊団《だいれいだん》が幸福の科学を指導

幸福の科学の指導霊団《れいだん》は五百人ものたいへん大きな指導霊団です。地上で事業を起こす際に、かつてこれだけの大霊団がチームを組んだことはありません。この意味では、天上界《てんじょうかい》の霊にとってもまったく新しい経験であります。それともう一つ、天上界においてもお互《たが》いに面識のなかったような高級霊たちが、この幸福の科学の活動を縁《えん》として面識を持つことができているという事実もあります。

そのようななかで、最初は意見の違うところもあったものの、指導霊団の主な意見は一致《いっち》してきました。最初は寄り集まりの観《かん》を呈《てい》していたところから、次第《しだい》しだいに意識の統一を図《はか》ってきました。それは、幸福の科学という運動が本格化していくに当たって、彼らの意識の確立が必要となってきたからです。一つの方向を出さないと、地上にいる人間が混乱します。そのため、エル・カンターレを中心として天上界における意思の統一が行われていったのです。そして、一つの考えを地上で成就《じょうじゅ》するために、多くの者たちが協力し合うという態勢を敷《し》いてきたわけです。

したがって、私の力は、必ず、もっともっと大きくなっていくはずです。

「正しき心の探究」にはもっと大きな意味もありますが、八正道《はっしょうどう》の領域のなかの「正思《しょうし》」を取ってみた場合に、やはり、「根本《こんぽん》は神仏の心である」という視点を忘れてはなりません。自分流の心ではないのだということです。これを間違えてはなりません。

5 「正思《しょうし》」に必要な三つの姿勢

では、神仏の心に合致《がっち》する正しい心を持つためには、どうしたらよいのでしょうか。このことが、次なる課題として探究されなければならないわけです。

この入り口となる姿勢として挙げられることには三つほどあります。

①素直《すなお》さ

第一の姿勢は「素直《すなお》さ」ということです。

より高次な教えを受けるに際しては、素直な心を持っていなければ受けることができないのです。そうでなければ、それは素通りしていってしまいます。あるいは光が屈折《くっせつ》していってしまうようなものです。

今、地上に生きている自分にそれなりの肩書《かたがき》があったり、地位があったり、学歴があったり、容貌《ようぼう》があったりしたとしても、「神仏の創られたこの偉大《いだい》な空間のなかでは小さな点でしかない」という事実を知ったときに、自分の思いで世界を測れるはずはないのです。この前提を忘れてはなりません。

したがって、神仏の創られた世界と、そのお考えを知るためには、心を素直な状態に置かなければ無理です。これが第一です。

②自助努力

第二に必要なことは「自助努力」の姿勢です。

私は「自力《じりき》」ということの大切さについて、だいぶ強調していますが、この考え方は、人をミスリードしやすい、すなわち誤解に導きやすい面があるとも感じています。それは、言葉の解釈《かいしゃく》によって間違《まちが》いが起きやすいということです。この自力ということを、もし「自我力《じがりき》」というように捉《とら》えるとするならば、神仏の世界に対するアプローチはまったくのゼロとなります。それは、地上に生きている三次元人間が、自分の心から湧《わ》いてくるとおりに動けばよいことを意味するので、探究・学習というものがまったくありません。ですから、この「自力」という言葉は〝自助努力〟と読み替《か》える必要があります。

また、「他力信仰《たりきしんこう》」に対するものとしての「自力信仰」というものはありません。「自力」とは修行《しゅぎょう》の取り組み方、姿勢のことを言うのであって、信仰ではないのです。この点を間違えないでほしいと思います。

そこで、方法論としては、「自助努力」の姿勢があるか、それとも、そういうものも煩《わずら》わしいものと無視し去って、大いなるもののなかに溶《と》け込《こ》んでいくか、この意味での「自力」と「他力」との違いにすぎないわけですが、幸福の科学のアプローチとしては、「自助努力」は重視したいという考え方があります。

③謙虚《けんきょ》さ

第三に大事なことは「謙虚《けんきょ》さ」というものです。これは「素直さ」とも多少の関係があります。

悟《さと》りには階梯《かいてい》が付きものであり、その段階を上がっていくわけですが、上がれば上がるほど謙虚になっていくという気持ちを持っていないと、これもまた光が通りにくくなってきます。自分が高くなると、特別な意識が出てきて、その意識が光を通さなくなっていくのです。

この「特別な意識」とはいったい何でしょうか。それは、「プライド」や「自尊心」といわれるものと非常に近いものです。あるいは、悪い表現をすれば「慢心《まんしん》」や「小成《しょうせい》」という言葉にもなるでしょう。ここが次なる関門として非常に難しいところなのです。

素直な気持ちで始め、自助努力の姿勢を持って階梯を上がっていくわけですが、次第《しだい》に「我《が》」が出てきたり、「うぬぼれ」が出てきたりする段階があるので、ここでもう一つ、謙虚さというのが探究されなければならないわけです。

仏法真理《ぶっぽうしんり》の世界に身を置くためには、この三つの姿勢がどうしても必要なこととなってきます。

６「正思《しょうし》」のための三つのチェックポイント

したがって、「正思《しょうし》」の探究においては、前節で挙げた三つの点について、その思いをチェックすればよいということになります。

正しい思いというものを一覧表にして考えるのは非常に難しいことですが、真に神仏に近づいていくための心構えとして、「素直さ」「自助努力」「謙虚さ」というものが必要だとするならば、これに反する思いが「正思」を妨《さまた》げているというように考えてもよいわけです。

①「素直さ」を妨げるもの――自我の殻《から》

では、第一に挙げた「素直さ」を阻害《そがい》しているものはいったい何でしょうか。素直に取り組もうとする姿勢、教えを受け、学び、向上していこうとする素直な気持ちを阻害するものは何であるか、ということについて考えてみる必要があります。

そこに出てくるものは、自分が過去何十年かの間につくってきた〝殻《から》〟です。「自我の殻」がこれを妨げるのです。それまでに自分が「よし」と思って生きてきた、「これでいい」と思って生きてきた生き方のなかに、自分を枠《わく》に入れている〝殻〟が何か付いているのです。この〝殻〟の部分が、自分が素直になることを妨げているのです。

それゆえに、まず、「自分は、自分固有の匂《にお》い、見方、生き方といったもので、何らかの〝殻〟をつくってはいないかどうか」ということを点検しなければなりません。これも、反省においては非常に大事な点です。

過去の自分の生き方を見てみると、おそらく、普通《ふつう》の人と違《ちが》った部分、特殊《とくしゅ》な部分があるでしょう。その特殊な部分については、プラス評価できる面とマイナス評価となる面の両方があるでしょう。いずれにせよ、そうした特殊な部分があったということ自体が、すなわち、自分のものの考え方、生き方において、何らかの〝殻〟をつくっていることは間違いないと思ってよいのです。

したがって、過去の自分を振《ふ》り返るときに、最初に取りかかるとよいことは、それまでの三十年、四十年、五十年、六十年の人生のなかで、自分と他の人とを比べてみて、いちばん変わっていたところはどこであったかを点検することです。

いちばん変わっていたところはどこであったか、その生き方がどのように自分に方向づけをしているかを考えてみると、思い当たることは必ずあります。もし、その生き方がマイナスの生き方であって、それを自力によって克服《こくふく》してきたとしても、それなりのものを必ずつくっているはずです。

それには、いろいろなものがあると思います。

・肉体的なハンディがある場合

例えば、肉体的なハンディというものがあるでしょう。普通の人とは違うような肉体的ハンディがあった人もいるでしょう。それを克服しようと努力してきたかもしれないし、克服に失敗したかもしれません。どちらかは分かりませんが、その格《かく》闘《とう》の過程において、何らかの〝殻〟をつくっているのは間違いないと思います。これも一つの例であります。

・家庭環境《かんきょう》が極端《きょくたん》に裕福《ゆうふく》だったり、貧しかったりする場合

また、別なものとしては、家庭環境《かんきょう》がよすぎるがゆえにできる〝殻〟もあるでしょう。あまりにも家柄《いえがら》がよすぎる、両親が立派すぎる、あるいは家が裕福《ゆうふく》すぎるといったことゆえにできている〝殻〟もあります。

その逆に、貧しすぎるがゆえの〝殻〟もあるでしょう。貧乏《びんぼう》ということを味わいすぎたゆえに、心がそこから抜《ぬ》け出せないというような〝殻〟もあります。

・肉親にかかわる不幸があった場合

さらには、幼少時における両親の不幸ということもあるかもしれません。片方の親が亡《な》くなったり両方とも亡くなったり、あるいは離婚《りこん》したり再婚したりと、いろいろなことで不幸があったかもしれませんが、こうした特異な事件は、必ずその人の心に何かを投げかけています。

・才能や勉学、学歴等に偏《かたよ》りがある場合

それから、才能の面でも同じことが言えます。

ある面において非常に突出《とっしゅつ》した才能を持っている場合、そこにはおそらく光と影《かげ》の両面が出ているでしょう。

例えば、学校の勉強ができるというところだけが突出した人にも、もちろん、プラスとマイナスの両方があるはずです。プラスの面としては、それを生かしていろ

いろな知識職業、知的職業をこなしていけるところがあるでしょうが、その一方では、人間関係において、いろいろなデコボコや、ギクシャクをつくってきていることがあります。ともすれば、暗く引っ込《こ》み思案の性格になったり、他の人々のことを本当にはよく思わないような性格をつくったり、人間嫌《ぎら》いの性格をつくったりしていることもあります。

反対に、学歴不足に悩《なや》んでいる人もいるでしょう。そのなかには、劣等《れっとう》感だけで生きている人もいれば、「劣等感の克服のために、これだけやってきたんだ」と頑《がん》張《ば》っている人もいるでしょうが、いずれにせよ、少なくとも何らかの〝殻〟はつくっているわけです。

したがって、真実の自己と出会うためには、まず、そういった〝殻〟の部分を見破らなければなりません。

・自分の「特殊事情」を言い訳にしない

そして、素直な心になるためには、この〝殻〟の部分を取らなければならないのです。さまざまな過去のいきさつ、自分の特殊事情というものを取り去らなければ、本当に真実の心で神仏と対面することはできません。「私は、こういう特殊事情があったために、こうなったのです」という言い訳をしているうちは、いつまでも、決して心を素直にすることはできないのです。決して心を開くことはできないのです。自分なりの特殊事情、言い訳というものを、まず取らなければなりません。これを取らないかぎり、絶対に「正しい思い」などできないのです。

ですから、まずは、誰《だれ》にも必ずある〝殻〟を取ることです。プラスもマイナスも含《ふく》めて、この〝殻〟の部分が自分に与《あた》えていた影響《えいきょう》を取り去り、素直な、純粋《じゅんすい》な人間としての自分を、もう一度考えてみる必要があるのです。ここを経《へ》なければ、真実の自分というものは決して分かりません。

②「自助努力」を妨げるもの――他人《ひと》・環境のせい

・自分が不幸になった原因を「他人のせい」「環境のせい」にしていないか

第二には、「自助努力」の精神です。

「これがなぜ必要であるのか」ということが分かるかどうかは、「神仏の創られた世界・宇宙が進化している」という現実を認めるか、認めないかにかかっています。認めない場合、どういうことになるかといえば、少なくとも置き去りにされるわけです。あるいは、他に伸《の》びてこようとするものたちに対する何らかの阻害要因になっていると考えてよいでしょう。

神仏の念《おも》いのなかに、すべてのものの進化・発展を願う心がある以上、そして人間が神仏の子である以上、伸びていかざるをえないという宿命を持っているのです。

したがって、「正思」の次なる点検ポイントは、「自助努力」の姿勢そのものの点検となるでしょう。自分の生き方のなかに、真実、向上に向かって自助努力している姿勢があるか、裏返して言うならば、環境のせいにばかりしていなかったか、他の人のせいにしていなかったか。このような点検が要《い》るわけです。

八正道の「正思」において最も大事なことの一つが、「環境と他人《ひと》のせいにしている自分」の発見です。

このような自分とは、どうしても対決しなければなりません。これと対決しないかぎり、金輪際《こんりんざい》、反省はできません。そういう卑怯《ひきょう》な心は絶対に捨てなければならないのです。「自分が不幸になった原因は環境にある」、あるいは「他の人のやったことだ」「仕事のこんなことが原因だ」などと考えているうちは駄目《だめ》です。

「『他人のせい』『環境のせい』の二点で幸・不幸が決まるという考え方では駄目だ」ということを、私は最初から一貫《いっかん》して言っています。そのことについては、私のこれまでの著作や講義に触《ふ》れてきた人であればよく知っているでしょう。「『他人のせい』『環境のせい』だという気持ちになる前に、もう一度、自分というものを深いところから見つめ直してみよ」と、私は繰《く》り返し説いています。

今の自分は、自分自身の「判断」と「選択《せんたく》」の結果によってそうなっているのではないか。

「幸福になれない症候群《しょうこうぐん》」の一員として、自分がマイナスの判断をしてきているのではないか。

また、同じ環境に置かれたとしても、同じ条件下に置かれたとしても、同じ悩みのもとに置かれたとしても、人によって生き方は違う。

そのように述べているのです。

人間は、パチンコの玉やビリヤードの球《たま》とは違います。いつも同じ方向に行くとは限りません。同じ条件であっても、同じ力と同じ方向が与えられても、同じにはならないのです。その環境のなかで幸福になる人もいれば、不幸になる人もいます。その結果を招来しているのは、自分自身です。自分の心です。

こういう考え方を持たなければ、「そもそも幸福の科学は成り立たない」ということを知ってほしいのです。環境と他人のせいにして生きていくだけで幸福が得られるというのであれば、そもそも幸福の科学の立脚点《りっきゃくてん》はありません。「正しき心の探究」もなければ、「幸福を科学する方法論」もありえません。そのことを知ってほしいのです。

・「責任感の自覚」がプライドの壁《かべ》を打ち破り、自助努力の出発点となる

まずは、「自助努力」とは逆のあり方として、「他人のせい、環境のせいにしてしまいがちな思考傾向《けいこう》」を切って捨てるところから始まるのです。「自分の責任として受け止める」ということです。この「責任の自覚」こそが、自助努力の原動力になります。「現在の自分の心境や境遇《きょうぐう》といったものは、すべて自己の責任によってあるのだ」と考えたときに初めて、この環境をよしと思わないならば、「ひとつ、自分の足で上がっていこう」という気が出てくるのです。

ところが、それを「親のせいだ」「環境のせいだ」「友人のせいだ」「同僚《どうりょう》のせい

だ」「貧乏であったからだ」「金がないからだ」「天気が悪かったからだ」などといったことのせいにしていては、絶対に向上ということはないのです。

したがって、自助努力の出発点は「責任感の自覚」であります。「自己の責任として認める」という気持ちです。このことをできない人が「自分がかわいい」という方向へと動いていくのです。これを「プライド」と称《しょう》していますが、このプライドの厚い外壁《がいへき》によって、神仏の光を遮《さえぎ》り、反省をできないようにしているのです。このプライドの壁《かべ》を打ち破る方法は「責任感の自覚」です。「自己の責任として、しっかりと受け止める」という態度です。

人間は、ともすれば責任逃《のが》れをしたくなるのです。他人《たにん》の不幸に対する責任逃れはもとよりのこと、自分の不幸に対しても責任逃れをしたくなるのが、人間の甘《あま》きにつく心、易《やす》きにつく心です。他人の不幸に対しては、責任逃れしたい気持ちもあるでしょうが、自分自身の不幸についても、自分の責任逃れをしたいと考えがちなのです。

しかし、受け止めるところから進歩は始まるのです。受け止めるところから向上は始まるのです。

確かに、環境や他人《ひと》のせいであることもあるでしょう。ただ、それを招来しているところに自分自身の問題があるのです。そのことを自己の責任として受け止めることです。幸福への道はそこから始まります。

「自分の責任」と思うところに努力の余地があるのです。自助努力をして、その自助努力の結果、向上があるのです。

この点を決して忘れないでください。

特に、幸福の科学の信者であれば、責任の自覚というものを、しっかりしてほしいのです。他の人のせいにせず、これは自分の責任であると、しっかりと受け止めてほしい。そして、受け止めた上でどうするか。これが次なる課題となるわけです。

③「謙虚さ」を妨げるもの——嫉妬心《しっとしん》と自己顕示欲《けんじよく》

・他の人の幸福に対する祝福の思いはあるか

さらに、第三の「謙虚さ」を妨げているものについても考えてみたいと思います。謙虚さがなくなると、どうなるでしょうか。これは、自分が「お山の大将」でないと気に食わなくなってくるということです。

「お山の大将」の特徴《とくちょう》はどこにあるでしょうか。まず、「他から学ぼうとしなくなる」という傾向が一つあります。また、「自分の立場を合理化、正当化していく」ということに走るようになります。そして、その結果どうなるかといえば、「進歩への意欲」を放棄《ほうき》するようになります。さらには、「他の者の追い落とし、蹴落《けお》としにかかる」というようになっていきます。

ここで、特に注意を促《うなが》しておきたいことは、「他の者の幸福を祝福する心を失っては終わりである」ということです。私はそのように述べています。

真に謙虚であれば他の人の幸福を祝福することもできますが、自分が傲慢《ごうまん》になればなるほど、他の人の幸福を素直に喜べなくなってくるのです。「幸福は自分だけのものであって、他の者には幸福の享受《きょうじゅ》を許したくない」という気持ちになってきます。

そうなるとどうするかといえば、他の人の幸福を邪魔《じゃま》するようになるわけです。そのなかには、意識的に邪魔をする場合と、無意識的に邪魔をする場合の両者があります。

意識的に邪魔をする場合には、例えば、仕事をしていて同僚の足を引っ張ったり、仕事上でつまずきをつくらせたり、上司に告げ口をしたり、部下の心を違ったほうに向けさせたりと、いろいろな画策をするようなことがあります。

無意識的に邪魔をする場合には、〝自分の信念〟として説明することがよくあります。「自分はこういう生き方をしてきた」ということを、信念として他の人に押《お》しつけるようになります。自分の過去の生き方のなかには、実は、幸福も不幸も両方あったはずなのですが、それを一つの〝自分の信念〟として提示し、他の人に押しつけ始めます。これが無意識的な妨害《ぼうがい》です。

他の人の幸福を害する場合にはこの二種類があります。

・エリートへの妨害をしたくなる、苦労人による「信念の押しつけ」

例えば、創業者である社長自身が、叩《たた》き上げで非常に苦労した人だった場合、スイスイと生きてきたような人間には我慢がならないということがあります。創業者が苦労に苦労を重ねて会社をつくっていくなかで、最初は零細《れいさい》であったところから、何千人、何万人単位という大会社になっていくと、世の中ではいわゆるエリートとされるような人も入社するようになるわけです。

そうすると、ここで無意識下の妨害として出てくるのが「信念の押しつけ」です。「人間は、叩き上げでなければ、真実は分からないのだ。仕事はできないのだ」ということで、毛並《けな》みのいい者たちを排除《はいじょ》していくようになります。スイスイとくるような要領のいい者を許せなくなるのです。

それとは反対のことをしたのは松下幸之助《まつしたこうのすけ》のような方です。

「学歴もなく、体も弱く、苦労を重ねたけれども、自分はそういう人間であるから、自分の部下は、みな自分よりも立派な方だ」として扱《あつか》いました。「私ができない分を補ってくれ。自分は立派な人たちを使って仕事をしているのだから、企業《きぎょう》が伸びるのは当然だ」という考えで松下氏はやっていきました。

これは、叩き上げであっても、信念の押しつけをせず、その逆に出た例であり、注目すべき成功者の一面でしょう。

しかし、このようにはなかなかいかないのが普通です。零細企業から叩き上げてくるような人の場合、どうしてもいじめを始めてしまいがちです。苦労をせずにスイスイときているように見える人間に対しては、いじめをしてしまうのです。本人は意識していませんが、そういうところが無意識下に出るのです。

・職場等で、他の人の幸福を邪魔したくなる女性の「嫉妬心」の問題

また、気に障《さわ》ったらお許しいただきたいのですが、例えばかなり長く勤めているＯＬ、結婚していない女性等のなかにも、そうしたことをする人はいるでしょう。もちろん、気立てもよく、仕事もできる人もいますが、なかには、無意識下に若い人たちの邪魔をし始める人もいるのです。若い女性の結婚の邪魔をしたり、若い男性をいびったりすることもあると思います。

若い女性の結婚の邪魔をする場合には、「浮《うわ》ついている」「化粧《けしょう》が云々《うんぬん》」「仕事をする気が全然ない」「遊びに来ている腰掛《こしか》けだ」といったことを言っていじめたりします。また、男性に対しては、「仕事をしないで女の子の尻《しり》を追いかけている」などといびったり邪魔をしたりするわけです。こうしたことは無意識下にやっているのですが、やはり人の幸福を邪魔したい気持ちが働いています。

こうしたものは、みな、自己正当化をして、プライドを固めていった結果なので

す。そして、自分が、神仏から、あるいは多くの人たちから愛を受けて生きているということを見落とした結果なのです。

自分がもっともっと愛を受けたいと思っているのに、他の者が愛を受けている姿を見ると、我慢がならないのです。そして、表となり裏となって、いろいろなことをして引き落としにかかるのです。

こうしたものも、「正しい思い」のところでチェックしなければいけない部分です。これは、「嫉妬心《しっとしん》」「やっかみ」「嫉《そね》み」「妬《ねた》み」といった言葉で表される思いと言ってよいでしょう。

「人間は太陽の光を浴びて生きているような存在である」ということを決して忘れてはなりません。太陽の光は、善人にも悪人にも、同じく光を投げかけています。植物に対しても、毒麦であろうが、小麦であろうが、同じく光を投げかけています。

ところが、そのように惜《お》しみなく与えられている光を、スポットライトのように自分一人に集めたいという気持ちになってくるわけです。

・「自己顕示欲」は自分の人生を正当化し、他の人の心の安らぎや愛を奪《うば》う

そして、自己顕示欲《けんじよく》という問題も出てきます。「謙虚さ」ということを考える上でもいちばん大事なのは、「自己顕示欲」の問題です。

この自己顕示欲との闘《たたか》いも、極《きわ》めて難しいものです。「スポットライトを浴びたい」という気持ちの裏にあるのは、「自己の人生を正当化したい」という考えです。それゆえに自己顕示欲が出てきます。

自己顕示欲がなぜいけないかといえば、他の人の心の安らぎを奪《うば》ってしまうからです。また、本来であれば他の人に流れるべき愛を、自分のほうへ持ってこようとするからです。

そういう人は、他の人にも同じように陽《ひ》の光が当たっているのが我慢できません。「陽の光は、自分の鉢《はち》だけに当たるべきである」というように考えるのが自己顕示欲なのです。

・周りからの「嫉妬心」には、「自己顕示欲」を牽制《けんせい》する効用もある

なお、「正思」の基準としてチェックしなければならないもののなかに、「嫉妬心」という項目《こうもく》がありますが、実は、この自己顕示欲を牽制《けんせい》するものに嫉妬心というものがあるのです。嫉妬心にはマイナスの面もある一方で、〝嫉妬心の効用〟ともいうべきプラスの面もあると言えます。

すなわち、「自己顕示欲に生きた人」に対しては、「他人《たにん》の嫉妬心」というものがぶつけられることになっているのです。こうして牽制が利《き》くことによって、それぞれの位置が決まってくるわけです。

あまりの自己拡張が許されなくなるのは、他人の嫉妬心によります。これも一つのバランス感覚と考えてもよいかもしれません。

ただ、この嫉妬心というものには愛がありませんので、行きすぎると悪になることは当然のことです。これも、自己愛だけの裏返しということになります。

正思によって、「悪《あ》しき思い」を一つひとつ点検する

以上、幾《いく》つかの基準から「正思」ということを考えてみました。

このように、「正しき思い」というものの点検は、いろいろな要素から成り立っています。「愚痴《ぐち》」「不平不満」「足ることを知らぬ欲望」から始まって、いろいろな悪《あ》しき思いを一つひとつ点検していくのが筋《すじ》です。

そして、みなさんの理解しやすいようにあえて整理をするならば、「素直さ」「自助努力」「謙虚さ」の三点を中心として、これに反する心が自分にないかどうかを考えていくということです。そうすれば、「正しき心」のチェック、「正しき思い」のチェックが極めて容易になるだろうと思います。こうした点検をお勧《すす》めする次第《しだい》です。

以上は、現代的で、分かり易い「正思」の解説である。伝統的な仏教教学を加味すると、「貪《とん》」「瞋《じん》」「癡《ち》」の「心の三毒」の反省が中心になるし、少し難しくはな

るが、「慢《まん》」「疑《ぎ》」「悪見《あくけん》」の三つを加えて、「六大煩悩《ろくだいぼんのう》」と称し、常にこれらを点検する反省的瞑想《めいそう》が大切である。「貪《とん》」とはむさぼる心、「瞋《じん》」とは、カーッと怒る心、「癡《ち》」とは、仏法真理《ぶっぽうしんり》が欠如《けつじょ》した状態、「慢《まん》」とは、うぬぼれ、天狗《てんぐ》の心、「疑《ぎ》」とは、誤てるマスコミや唯物論《ゆいぶつろん》・無神論的科学の傾向、「悪見《あくけん》」とは、宗教的にも、道徳的にも、常識的にも間違っていて、粉砕《ふんさい》されるべき考え方の数々である。

第4章

正語《しょうご》

一九八九年一月七日　説法《せっぽう》

東京都・幸福の科学研修ホールにて

1　言葉の影響力《えいきょうりょく》

口に出した言葉が自分と他人《たにん》の幸・不幸をつくり出す

次に、「正しく語る」ということを話してみたいと思います。これは正見《しょうけん》と並んで、共に非常に大切な修行《しゅぎょう》の目標です。しかし、この正語《しょうご》はかなり難しいことです。それは、「八正道《はっしょうどう》」の教えに基《もと》づいて自己の心をチェックしているすべての人が、その難しさを感じているのではないでしょうか。

もし、一日が終わる時点において、自分がその日一日に語ったことを録音されていて、就寝《しゅうしん》前にもう一度それを聞かされたらどう思うか。これが「正語的発想」の出発点です。

一日を過ごし、もし、その日に自分が語ってきたことが録音されていて、それを

郵便はがき

料金受取人払郵便

赤坂局
承認

8335

差出有効期間
2024年9月
30日まで
(切手不要)

1 0 7 - 8 7 9 0

112

東京都港区赤坂2丁目10―8
幸福の科学出版(株)
読者アンケート係 行

ご購読ありがとうございました。
お手数ですが、今回ご購読いただいた書籍名をご記入ください。

書籍名

フリガナ お名前	男・女	歳
ご住所 〒 都道府県		
お電話 (　　) ―		
e-mail アドレス		
新刊案内等をお送りしてもよろしいですか? [はい(DM・メール)・いいえ]		
ご職業	①会社員 ②経営者・役員 ③自営業 ④公務員 ⑤教員・研究者 ⑥主婦 ⑦学生 ⑧パート・アルバイト ⑨定年退職 ⑩他( )	

プレゼント＆読者アンケート

皆様のご感想をお待ちしております。本ハガキ、もしくは、右記の二次元コードよりお答えいただいた方に、抽選で幸福の科学出版の書籍・雑誌をプレゼント致します。

（発表は発送をもってかえさせていただきます。）

1 本書をどのようにお知りになりましたか？

2 本書をお読みになったご感想を、ご自由にお書きください。

3 今後読みたいテーマなどがありましたら、お書きください。

ご感想を匿名にて広告等に掲載させていただくことがございます。

ご記入いただきました個人情報については、同意なく他の目的で使用することはございません。


ご協力ありがとうございました！

寝《ね》る前に聞かされたとしたら、どう判断するか。自分が語ってきたことを、もう一度、他人《たにん》の目で見てみよ。第三者の目で見てみよ。

こう言っているのです。これは、極《きわ》めて難しいことです。正見も難しいことですが、正語はさらに難しいことです。

自分の語っていることが、他人にどういう影響《えいきょう》を与《あた》えているのか。そして、その言葉を出すことによって、自分自身がどう影響されているか。自分が出す言葉によって、自分がどう影響されているか。このことについて分からない人がほとんどです。九割以上の人がそうでしょう。そして、不幸をつくっているのは、自分自身が出している言葉であることのほうが多いのです。

幸福の科学の信者であれば、いろいろな相談を受けることもあるでしょう。例えば、「自分は他人から被害《ひがい》を受けている」というような相談です。「いつも上司に怒《おこ》られている」「いつも夫の暴力で悩《なや》まされている」「いつも妻の悪口雑言《あっこうぞうごん》で苦しんでいる。四六時中、苦しんでいる」という苦情が出されるわけですが、「本当に四六時中ですか」と訊《き》くと、そんなことはないのです。

「よく怒る上司」というのは、実は年に二回ぐらい怒るだけとか、「一日中、朝からベッドのなかまで小言《こごと》を言う」という妻は、実際に時間を計ってみると一日に三十分も言っていなかったとか、そのようなことはよくあるのです。ところが、自分を害するような言葉がエンドレスで頭のなかを回っている感じがするのです。

なぜ、そのようなことが起こるのでしょうか。それは、その事実を自分が口に出して確認していることが多いということです。「おまえは一日中、小言を言い続ける」「いつもいつも聞かされて、自分は参っている」などと自分で口に出して言うと、言葉に出すことによって、その事実が客観化してくるわけです。そうして、自分が出した言葉によって、今度は縛《しば》られてきます。いったん、そういうことを言った以上、毎日毎日、妻から責められていないと気が済まなくなるのです。そのように思わないと気が済まなくなるのです。自分が言ったから、その言葉を信じる以上、そうなってくるのです。こういうことは、実に多くあります。

心に留《と》め置かなければ、翌日には忘れられるようなことであっても、それを言葉として表現してしまった場合には、その言葉は自分の心のなかに残り、他人の心のなかに残るのです。

言葉は「世界をよりよく創造していく愛」にも「世界を破壊《はかい》する暴力」にもなる

五年前、十年前の他人《ひと》の言葉が心のなかに残っていないでしょうか。心に突《つ》き刺《さ》さっている言葉というのは、何年も前の言葉が多いはずです。「そのとき、その人の不用意な一言《ひとこと》」が突き刺さって自分を傷つけているというようなことは、ずいぶん多いはずです。そして、その言葉を発した当の本人がそれを覚えているかといえば、覚えている人は、まず一割にも満たないものです。より厳しく見積もれば、二、三パーセントもいるかどうかでしょう。

ただ、たまたま体調が悪かったり、機嫌《きげん》が悪かったり、ほかの事件があって忙《いそが》しかったりしたときに出した言葉であったとしても、出したら、それは相手の心に残るのです。言われて、聞いた人が、それを心のなかに刻印《こくいん》したら、それは残ります。もちろん、修行をしていて、そういうものを流せる工夫《くふう》をしている人であれば別かもしれませんが、普通《ふつう》の人は、そうした言葉を心のなかに残してしまいます。

特に、女性の場合は強く残りやすいところがあります。言われた言葉が、まるで写真を焼きつけたように残っていて、現在ただいまの言葉のように感じられるのです。十年前に言われたことであっても、その人の顔を見た瞬間《しゅんかん》、反射的にパッと出てきます。

例えば、ある人から十年前に「おまえが嫌《きら》いだ」と言われたとしても、今は自分のことが好きになっているかもしれなくても、会った瞬間に当時のものがパッと出てくるのです。あたかも電光掲示板《けいじばん》のように脳裡《のうり》を走るのです。「君は服装のセンスが悪いね」と以前に言われていたとしても、今ではその人の考えもすでに変わっていて、「センスがよくなったな」と思っているかもしれないのですが、それを言わない以上、自分には十年前に言われたことがそのまま残っているわけです。そして、会った瞬間にパッと出てきます。言葉というものの影響力は、それほど大きいのです。

第2章「正見」では、「『見る』ということについて責任を問われることはない。その意味において、『見る』ということはチェックされにくい」と述べましたが、「語る」ということは、世間《せけん》的に、客観的にチェックされます。そして、「語る」という行為《こうい》の結果が、「世界をよりよく創造していく愛」ともなれば、「世界を破壊《はかい》していく暴力」ともなるのです。

2 自他を損《そこ》なう不用意な言葉

「正しく語る」ということの探究には終わりがない

言葉を調《ととの》えるということは、勇気を持って努力していくしかありません。これは一つの格闘《かくとう》です。自分との闘《たたか》いです。

「正しく語る」ということの探究には終わりがありません。永遠に終わることがないのです。ただ、少なくとも、一日を終わるときに、その日に話したことを音声で聞かされたとしても、何とか安らかな眠《ねむ》りにつける状態まで努力すればよいのです。その音声を聞いてしまったら眠れなくなるような言葉を語っていたら、これは大変です。それを聞いても、「ああ、まああのことを言っている」と思って眠れるようであれば、それでよいのです。そこまでは努力しなければなりません。

さて、ここで問題になるのは、言葉で特に他人《ひと》を傷つけた場合です。相手の心に何年も何十年も残っているようなことで、言った本人も、実は反省していることがよくあります。その場、あるいは翌日、または一週間以上たってから、反省していることは多くあるのですが、自分が心を改めた、考え方を変えたということを、どうしても語れない人がほとんどです。悲しいことに、九割以上の人がそうなのです。

コンピュータのデータ入力の際にも、間違《まちが》えれば「アカ・クロ」と言って、修正伝票を入れます。もし、この修正伝票が間違っていれば、またその入れ直しをしなければなりません。大変な作業が要《い》ります。

同じように、間違ったものを心にインプットしてしまったと思ったら、差し替《か》えをしなければ、きれいなものは出ないのです。いつまでたっても心の帳尻《ちょうじり》は合いません。頑張《がんば》って、差し替えをしなければならないのです。

不用意な言葉で他人を傷つけたり、感情を害したりしていないか

悩《なや》みの原因は、プライドにあることが多いのです。

「自分は他人から嫌《きら》われている」と思っている人は多いでしょう。自分自身は他人から嫌われていると思うでしょうか。それとも、他人から好かれていると思うでしょうか。

他人から嫌われていると思う人は、よくよく自己分析《ぶんせき》をしてみてください。たいていの場合、言葉で嫌われているはずです。例外を除けば、たいていは言葉で嫌われていると思います。不用意に出した言葉が原因となって、他人から嫌われているのです。それが一言《ひとこと》ぐらいなら許されても、二回、三回、四回と続いたら、他人はもう許してくれなくなります。「この人は、こういう言い方をする人で、こういう考え方をする人だ」という見方が固まってしまいます。決められてしまいます。

他人から嫌われていると思うような人は、実際は、他人を傷つけるようなことを

言ったことがある人なのです。他人を傷つけたり、他人の感情を害したりしています。そして、害していることに対して、何もアクションを起こしていないのです。「みんなが自分をいじめる、攻撃《こうげき》する」などと思っているかもしれませんが、それは、自分が思いつくままに言ってきた不用意な言葉が、他の人々の神経を苛立《いらだ》たせたことが原因である場合が多いのです。

そうであるならば、「私はあのとき、本当に間違っていました」と相手に言えば、そんな悩みは、ほんの数分で終わるのです。謝《あやま》ってくる人に鞭《むち》を打てるような非情な人は、それほどはいません。そのようなことは、なかなかできないものです。反省している人を見て、鞭を打ったり裁いたりできるものではないでしょう。

3　プライドを捨て、素直《すなお》に謝罪する

反省する姿を見ると、天使は喜び、悪魔《あくま》は近寄れなくなる

天上界《てんじょうかい》においても最も崇高《すうこう》な姿の一つに、反省する姿があります。自分の過去を反省して涙《なみだ》を流している姿を見れば、天使たちも喜びますし、悪魔《あくま》たちであっても、もうどうにもできません。反省して涙を流している人の姿を見たら、悪魔たちも近寄れないのです。そういう人に対して、そそのかすことはできません。「申し訳なかった」と言っているような人には、もはや何もできないのです。

自分にとって長年の苦しみだと思っていることというのは、実はプライドで引っ掛《か》かっているだけのことがあります。「上司が自分をいじめ続ける」などと思っていても、何のことはない、実際は自分のほうが言うことをきかずに、何だかんだと

生意気《なまいき》に反抗《はんこう》したり仕事をしなかったりしているわけです。そのようなことが引っ掛かっているだけのことであって、態度を改めて「申し訳ございませんでした」と言えば、もうそれで済むようなことを、〝永遠の地獄《じごく》〟として自分でつくり出しているのです。このようなことが実に多くあります。

地獄霊《れい》たちは特にそうです。「絶対に反省しない」と頑張《がんば》っています。「絶対に認めない。俺《おれ》は悪くない！」と言い切っています。こういう者に対しては、「ずっとそこにいなさい」と言う以外にありません。「申し訳ありませんでした」という反省が、彼らにはできないのです。

これを「自我」と言ってもよいでしょう。あるいは「自己保存欲」「エゴ」と言ってもよいでしょう。美しく言えば「プライド」です。自分のプライドであり、「自分がかわいい」と思う心なのです。

しかし、本当に自分がかわいいのであれば、自分を救うことをこそ考えなければなりません。自分を苦しみから救出しなければならないのです。

そのためには、間違《まちが》ったと思ったら、素直《すなお》に「ごめんなさい」という気持ちを出さなければならないのです。これだけのことで、どれほど幸福になるか分かりません。それだけのことで、自分が幸福になり、相手も幸福になるのです。周りの人も幸福になれるのです。

自分に間違いがあったり相手の感情を害したりしたら、素直に謝《あやま》る

プライドの高い人は、自分を救いたくて、自分をどうにかしたくて、かわいくてしかたがないのです。そうであるならば、間違ったら素直に謝《あやま》ることです。他人《ひと》の感情を害したと思ったら、もし、それが誤解によるものであったとしても、自分を縁《えん》として起きたことであるならば、「それは自分の表現の仕方が悪かった」と素直に認めるぐらいの度量は要《い》るでしょう。

コミュニケーションというものは、百パーセントは行かないものです。たとえ、「自分の真意はそうでなかった。そうではなかったけれども、みんなに誤解されて

いる」と思い、真意とは違っていることがあったとしても、誤解されたのであれば、そのコミュニケーションの仕方に間違いがあったということですから、その部分は認めなければいけません。

それは自分の表現が悪かったのです。その部分については、やはり自分に間違いがあったのです。「本心においては間違っていない」と言い張りたいところでしょうが、理解されなかったということはコミュニケーションの仕方が悪かったのです。あとになって、「本当はあなたを愛していた」などと言っても、もはや手遅《ておく》れになっているようなこともあるのです。

したがって、コミュニケーションが悪かった部分についても、自分の責任として受け止めるべきです。相手が誤解をしたのであるならば、誤解をさせるような言い方をし、行動をしたのは自分の責任です。最低限、その部分については反省しなければなりません。

もちろん、それでも分かってくれない人はいるでしょう。しかし、そこまで言っておけば、少なくとも自分自身としては、いちおう眠《ねむ》れるようになります。これだけは確実なことです。

4　他人の言葉の受け止め方

そのように、「言葉」の部分については、何度も何度もよくよく考えてみる必要があります。人間は、自分に対して言われるマイナスの評価というものを、とかく針小棒大《しんしょうぼうだい》に感じやすいものです。本当はそれほどには思われていなくても、大きく感じてしまいやすいのです。

そして、自分に対するほめ言葉については、他の人からほめられても「いやー」などと謙遜《けんそん》し、翌日になると、「やはり、あれは自分をからかおうとしていたんだ」などと悪く考えてしまいがちです。ほめられても素直《すなお》に喜ぶことができず、悪く言われれば信じてしまうのです。

ただ、「悪いことを言われると信じるが、よいことを言われたら疑ってかかる」

という性格の人は、絶対に幸福にはなれません。このことはよくよく知っておいてください。私は『「幸福になれない」症候群《しょうこうぐん》』という本を出していますが、もし、そういう性格の人がいたならば、この本の第2章に登場してもらわなければなりません。このように言いたくなる人が実に多いのです。

女性は、半数以上がそうではないでしょうか。ほめられれば、「でも、本当はあれは……」と疑ってかかり、怒《おこ》られたら、真面目《まじめ》に受け取って十倍ぐらいに拡大して信じるというような人が、おそらく半数以上はいるのではないでしょうか。

しかし、これは、努力で克服《こくふく》できるのです。いや、しなければいけないのです。克服しなければ、心の地獄《じごく》領域が増大することになるのです。ささやかなことでもほめられたら、素直に喜ぶような素直さが大事です。

『「幸福になれない」症候群』(幸福の科学出版刊)

5　注意されたら感謝せよ

怒《おこ》られて「ありがとうございました」と言える人は〝偉人《いじん》〟

もう一つは、他の人から怒《おこ》られた場合の受け止め方です。これには幾《いく》つかありま す。他人《ひと》から怒られたら「人格を否定された」と思って戦いを挑《いど》むようなこともあるでしょうが、そのような場合に、いきなり反発することはやめてください。怒られたときに、その場で反発するのをまずやめることです。これは「下《げ》の下《げ》」です。ゴリラや原始人であれば、殴《なぐ》られたら殴り返すかもしれませんが、そういうことは、文明人としては最低であると知ってください。

他人から怒られたり叱《しか》られたりした場合には、まず五秒や十秒、持ち堪《こた》えてみてください。私は、これをまず提言します。五秒でも十秒でも持ち堪えることです。

そして、そのわずかな時間に、頭のなかで考えを巡《めぐ》らせてください。「そう言われるような原因が本当にあったかどうか」と考えてください。

そして、「ないかもしれない」という判定が出たとしても、さらに、ないかもしれないが、そのように誤解される余地があったかどうか、例えば、コミュニケーションの悪さのところで誤解を受ける余地等があったかどうかについても考えてみてください。

もし、その余地があったと思えるならば、まず、その批判はいったん受けてください。「自分には、まだ至らないところがあった」と受け止めてください。そのように受けると、相手は収まってくるものです。

それから、「どこが悪かったのでしょうか。今後のために教えてください」と言うことです。

叱られたときには、「確かに、そう言われる余地がある。そのように考える余地がある」と思ったら、いったんは受け止めてください。そして、「ありがとうございました」と言うことです。

怒られても、「ありがとうございました」と言える人は少ないのです。このような人は〝偉人《いじん》〟です。そういう〝偉人〟はめったにいません。怒られたときに、「よく言ってくださって、ありがとうございました。私の悪かったところについて、もう少し教えてください」と素直《すなお》に教えを請《こ》うだけの度量があったら、これは大人物への第一歩だと、私は思います。

「素直な態度」は相手を変える

それだけの度量のある人はほとんどいないのです。私自身、初期には高級霊《こうきゅうれい》に叱られていましたので、度量はあります。怒られながらも、機嫌《きげん》よく働いていたのです。「すみません。どこが違《ちが》ったのでしょうか」「ああ、そうなんですか。分かりました。また頑張《がんば》ります」と言って仕事をしてきたのです。

もし、言葉癖《ぐせ》がひどく悪くて、批判癖《へき》があり、厳しいために、どの人からも煙《けむ》たがられているような人であっても、「ありがとうございました」と教えを請うような人に出会ったら、もう言えなくなるでしょう。言葉がグーッと詰《つ》まってしまいます。「いや、私も大人気《おとなげ》なかった」ということになるのです。

反発して喧嘩《けんか》をすればそれまでですが、そういう態度に出れば、相手まで変わってくることもあるのです。そのことを知らなければなりません。

もちろん、これは一般論《いっぱんろん》的に言ってのことであり、ケース・バイ・ケースです。ヤクザに絡《から》まれて、「どうぞ教えてください」などと言っていたらバカを見ますから、そういうことはほどほどにしてください。そこは知恵《ちえ》を働かせなければ駄目《だめ》です。

6　言葉で人をつくる

心を鬼《おに》にして叱《しか》らなければならないときもある

それともう一つ、「言葉」のところで述べておきたいことがあります。それは、「叱《しか》ると怒《おこ》るの違《ちが》い」ということでもよく言われますが、厳しい言葉を言わなければならないときもあるということです。このことを忘れてはいけません。

「これは間違っている。いけない！」と思ったときには、その人に言ってやらねばならないのです。それはちょうど、赤信号のときに横断歩道を渡《わた》っている子供に対するのと同様です。そのときには、口は荒《あら》くても「行ってはいけない。戻《もど》れ！」と言わなければなりません。

同じように、その人の人生の岐路《きろ》において危険な領域に入っているとき、たとえて言えば、崖《がけ》から落ちそうなときには、もう殴《なぐ》ってでも突《つ》き飛ばしてでもよいから救ってやらなければならないところがあるのです。それが厳しい言葉となって表れることもあります。厳しい面を出さなければいけないところもあるのです。

そうしたところを出せないがために苦しんでいる人もたくさんいます。そのようなタイプは、宗教的人格の人のなかに非常に多いのです。本当は「その一言《ひとこと》が言えなくて……」ということはあるのです。それは男女関係においても多いでしょうが、宗教的人格のなかに多いのです。「これはいけないな」と思いながら、その一言が言えずに、なあなあで過ごしていると、やはり、だんだんに違ったほうへ行きます。その一言を言う勇気がないために、結果として、自分が反省し、相手も大変な反省をしなければならなくなることがあるのです。

仏法真理《ぶっぽうしんり》を学ぶような人にとっては、ここがつらいところです。「心を鬼《おに》にする」というのは難しいことでしょう。しかし、やらなければならないこともあるのです。こういうときには、「自分は俳優だ」と思ってやることです。その場その場における〝悪人〟にならなければならないことがあるのです。その人を本当に救ってやらねばならないときには、心を鬼にして〝悪人〟になるべきことも要《い》るのです。

このようなことは、私も体験上、感じています。仏法真理を勉強して修行《しゅぎょう》をしていると、やはり善人でありたいものだから、他人《ひと》に厳しいことは言いたくないわけです。耳触《みみざわ》りのよいことだけを言って、厳しいことは言いたくないと思います。しかし、そうしていると、だんだんにうぬぼれが出てきたりして、おかしくなっていくのです。

したがって、危険領域に達したら、やはりズバッと言ってやらねばならないのです。これを言い損《そこ》ねたら、命を失わせてしまいます。心を腐《くさ》らせるということは、それはもはや命を失うのと同じことなのです。ですから、悪を犯《おか》させてはいけないのです。そういうときには、心を鬼にして警告をしなければなりません。

ある程度の限度に来た段階で、分割《ぶんかつ》して叱る

会社勤めをしている人などもそうです。部下や同僚《どうりょう》のなかには間違っていると思うような人もいるでしょう。日ごろはそういう人のことを、ある程度まで我慢《がまん》して受け入れ、忍耐《にんたい》しているかもしれません。しかし、危険領域を超《こ》えたときには、やはり、警告しなければなりません。

「言っておくが、これは一回目の忠告」「これは二回目。三回目のときには覚悟《かくご》しろ」などと言うような人は怖《こわ》いです。商社時代の私もよく言っていました。「警告、一回目」「警告、二回目。この次は覚悟しろ」と言っていました。当時の私は厳しかったのです。私の後輩《こうはい》や部下は、ビリビリしていました。今は幸福の科学の総裁ということでニコニコとしていますが、実は、ものすごく怖いのです。じっと見ていて自由にさせて、たまに「これは一回目の忠告だ。覚えておけ」「これは二回目」と言うわけです。三回目までは行かずに済むことが多く、たいていは二回目までで

済みます。このように、言わなければならないことがあるのです。

相手が上司であっても、こういうことはあるかもしれません。言わなければならないことがあるかもしれません。

いっぺんに爆発《ばくはつ》させることができない場合には、分割《ぶんかつ》することです。いっぺんに爆発して人格を失ってしまい、天井《てんじょう》も抜《ぬ》けるかというような怒《いか》りを発する人もいますが、ここまでやってしまうと、あとで取り返しがつきません。人間関係が完全に崩《くず》れてしまって、以後、その人は異常な人格と見られて、周りから変人と思われますし、言われた本人は、もう怖くて近寄れなくなるでしょう。「二時間も説教されて、若手の社員が引っ繰《く》り返った」などという話がよくあります。優良会社の部長といった人のなかには、そういう厳しい人もいますが、やはり、そこまではしないようにしてください。

したがって、ある程度の限度に来たときに一回目、二回目と、三分の一ずつ出していくことです。三分の一ずつ出して、三回目までは行かせないところで抑《おさ》えることも大事です。

ほめ言葉で人をつくっていくことは非常に大切なことでもありますが、その逆もたまにはあります。それは「良薬は口に苦《にが》し」の部分です。ときには口に苦い部分も必要なのです。

ただ、本当に相手を憎《にく》んではいけません。その人によかれと思って言ってやらねばならないこともあるのです。そのときには、断固として言うべきです。必要なときには「怖い男」「怖い女」にならなければなりません。そうしなければ、ブレーキが踏《ふ》めないこともあるのです。これは覚えておいてください。しかし、いつもいつもすることではありません。

なお、以上は、一般《いっぱん》向け解説である。

仏教的に分類すると、「正語《しょうご》」は、「真実語《しんじつご》」、つまり自《みずか》らの良心に恥《は》じない言葉を語ったか。「悪口《あっく》」、言葉で他人を傷つけなかったか。「妄語《もうご》」、悟《さと》りを偽《いつわ》らなかったか。「綺語《きご》」、他人を迷わし、うぬぼれさせなかったか。「両舌《りょうぜつ》」、AさんとBさんに別のことを言い、わざと仲違《なかたが》いさせなかったか。などの細《こま》かい点検項目《こうもく》もある（『太陽の法』第2章第10節参照）。

『太陽の法』（幸福の科学出版刊）

第5章

正業《しょうごう》

一九八九年一月十四日　説法《せっぽう》

東京都・幸福の科学研修ホールにて

1　現代の職業倫理《りんり》

現代は「正しい仕事とは何か」の基準が分からなくなっている

「正業《しょうごう》」とは、本来は「正しい行為《こうい》」ということです。「今日一日、正しい行為をしたか」ということを考えればよいのです。ただ、現在では、「正しい仕事」という意味を持たせることもできるでしょう。

この「正業」については、現代において、非常に難しい課題としてわれわれに提示されている問題です。というのも、現代の社会の複雑化、産業の進展というものを目《ま》の当たりにして、多くの人は今、「正しい仕事とは何か」という基準が分からなくなってきているからです。

一時代《ひとじだい》前であるならば、もっと簡単な基準があったであろうし、それなりの職業倫理《りんり》も確立されていたと思えるのですが、現代においては、この「正しい仕事とは何か」ということが、極《きわ》めて難しい問題となってきています。

現代的仕事の意味について知る必要がある

また、もう一つ、どうしても考えておかなければならないことは、「何ゆえに正しき仕事が要請《ようせい》されるのか」「正しい仕事という課題には、霊的《れいてき》に見てどういう意味合いがあるのか」ということです。これを知らなければなりません。

宗教的魂《たましい》の人であるならば、「ともすれば瞑想《めいそう》的生活に入っていきやすい」というような魂の傾向《けいこう》を持っていますし、どうしても、その生活が懐《なつ》かしいものであって、「その世界に入っていきたい」といった憧《あこが》れを持っているということもよくあります。

では、私たちが感じる魂の郷愁《きょうしゅう》ともいうべき「瞑想的生活」と、現代において私たちが置かれている「仕事環境《かんきょう》」「職場環境」の問題について、どう考え、解決していかなければならないでしょうか。ここは、まさしく、私たちが知恵《ちえ》を絞《しぼ》るべき場であるわけです。ここで知恵を絞らなければ、現代に生まれて宗教家をやる資格はありません。

かつては瞑想的生活のなかに「正しき心の探究」を説けばよかったでしょうし、それは非常に簡単な面があったと思います。

しかし、この現実社会をどう見るのか。まったく無視し去るのか。虚業《きょぎょう》であると突《つ》き放すことができるのか。「虚《むな》しい仕事であって、何らの霊的意味合いもない」と切って捨てられるものなのか。あるいは、「現代に魂を宿して生きている以上、このなかにも何らかの意味合いがある」と考えるべきであるのか。この時代背景を霊的進化の法則に照らして見たときに、どのように考えるべきなのか。

これは、避《さ》けて通ってはならない課題であると、私は思います。

そして、この「現代的仕事についてどう考えるか」ということに対しては、まだ明確な結論が出ていないと思えるのです。

これまで、宗教的には、「出世」「肩書《かたがき》」「金銭」といったものはともすれば罪悪として言われていることのほうが多かったわけですが、そのように見ると、ビジネス社会のなかにおいて宗教論理の働く余地はなくなります。

ただ、「本当にそれでよいのかどうか」ということです。

2　キリスト教の流れにある繁栄《はんえい》の法則

「国の繁栄」と「宗教的真理」とを一致《いっち》させていくのが神の願い

天上界《てんじょうかい》の計画を眺《なが》めてみると、「明らかにこの部分について修正が入ってきている」と考えざるをえません。

例えば、イエスの時代の職業倫理《りんり》はどうであったでしょうか。それにそれほどの重きが置かれていなかったことは、『聖書《せいしょ》』を読めばよく分かります。当時、イエスが「千数百年後《のち》の産業社会の到来《とうらい》」まで考えて教えを説いていたとは思えないのです。そうした社会が出現していれば、おそらく、それなりの教えを説いたであろうと推定されるのですが、当時の社会環境《かんきょう》においては、そうしたことを念頭に置いて法を説くという考えはなかったのだと思われます。

それゆえに、宗教改革、特にルター、カルバン以来の宗教改革の流れのなかで、「宗教的真理」と「現実生活」の問題が課題とされ、改革されてきたのではないかと思うのです。このプロテスタンティズムの資本主義精神へのかかわりについては、大いに影響《えいきょう》があったと思われます。

清教徒たちがイギリスからメイフラワー号に乗ってアメリカに渡《わた》っていき、その後、アメリカが奇跡《きせき》の発展を遂《と》げていくわけですが、ここに何か、「国の繁栄《はんえい》」と「宗教的真理」とを一致《いっち》させんとする神の願いがあると考えられるのです。

ビジネス社会にも宗教的考え方が必要

また、その後の、十九世紀、二十世紀のキリスト教の流れを見ると、一つの「繁栄の法則」を科学的に説明するという側面を持ったキリスト教が台頭《たいとう》し、発展してきています。いわゆるニューソート系統のキリスト教で、これが非常に力を持ちました。

実は、ノーマン・ビンセント・ピールにしても、ロバート・シュラーにしても、彼らの説いた教えは、当初、従来のキリスト教会からは異端《いたん》に見えていたのです。

ノーマン・ビンセント・ピールの『積極的考え方の力』という本を読んだ方も多いでしょう。全世界で二千万部を突破《とっぱ》した本ですが、これが発表された当時は非難《ひなん》囂々《ごうごう》でした。四面楚歌《しめんそか》という状況《じょうきょう》であって、「キリストの教えを、現代的な、仕事の役に立ち、ビジネスに使えるようなものにした」ということ自体が、一つの法をねじ曲げた行為《こうい》であるということで、多くの牧師《ぼくし》たちからの攻撃《こうげき》の声は鳴りやまなかったのです。

しかし、そのなかで、着実にその本が全世界に広がっていきました。この背景はどこにあったかと考えてみると、「ビジネス社会のなかに宗教的な考え方を取り入れていかなければ、人々の需要《じゅよう》、ニーズに応《こた》えていくことができない。過去の『聖書』を読んだだけでは、それが分からない」ということなのです。やはり、それも、天上界からの一つの計画があって行われてきたことであったわけです。

3　仏法真理《ぶっぽうしんり》のなかの繁栄《はんえい》・発展

「職業」と「真理」の問題を前面に打ち出す時期が来ている

日本は今、アメリカという国に追いついてきていますが、かつては、「アメリカで流行《はや》っているものをまねすれば、十年後、日本がそうなる」と言われていました。今では、それもだんだん分かりにくくなってきている現状ではありますが、今後の日本の「ビジネス界」「宗教界」を取り巻く環境《かんきょう》として、どういう環境が出てくるかと考えてみると、この両者をリンク（連結）させる理論は必ず出てこなければならないでしょう。当然、出てくるはずなのです。

それゆえに、私たちも、「幸福の原理」のなかの一つとして「発展」という概念《がいねん》を明らかに打ち出しています。これを入れておかなければ、今後の社会の要請《ようせい》に応《こた》えることができないのです。

釈迦《しゃか》仏教のなかには、この「発展の概念」は、どちらかといえば欠けていたでしょう。「内的世界の発展」ということにとどまっていたかもしれません。

しかしながら、環境自体がこれだけのダイナミクスを含《ふく》んでいる現今において、内的世界の発展だけでは止《と》まらない部分があります。

私たちがよく「この世とあの世を貫《つらぬ》く幸福」という言葉でも言っているとおり、かつて「実在界」のみに存在した世界を、この「現実世界」にも同時に連動的に現す時期が来ているということなのです。

特に戦後の日本の復興というものを見たときに、これは高級神霊《しんれい》たちのそうとうの力があったと思われるのです。

ただ、もっと本質的な部分、根源的な部分から、この「職業」と「真理」という問題を前面に打ち出す時期が来たのではないかと思われます。

「瞑想的生活《めいそう》」だけでなく、「発展・繁栄の原理」も真理である

私はこれまでにも、四千三百年前に生まれたギリシャのヘルメスについて語ってきましたが、ヘルメスの生涯《しょうがい》を見れば、「こうした真理もあるのだな」ということが分かるでしょう。みなさんが今まで真理と思っていた、あの「瞑想《めいそう》的生活」だけではないという部分が明らかに出てきます。真理のなかには、「この世の発展・繁《はん》栄《えい》の原理」となるべきものが明確に含まれているのです。

実は、ヘルメスは、十七、十八、十九、二十世紀と、近現代の世界で起きてきたことを四千年前にすでに先取りしていました。そうした原理が明らかに出ています。貨幣《かへい》経済をつくったのはヘルメスなのです。現在の為替《かわせ》に近いものまですでに発明しています。また、三国間貿易《さんごくかんぼうえき》といったものも始めていましたし、ＥＵのような経済連合体に近いものまで当時すでにつくっていました。そういう発想が出ていて、ギリシャおよび地中海世界を軍事的に支配するというのではなく、経済的な問題と

してそういう関係をつくり、平和を生み出すという努力をしていたのです。

さらに、ヘルメスは、国連の原型に当たるようなものも考え出しています。そういうものの原型が、四千年以上前にすでにあったのです。

こうした事実を知ったときに、みなさんは、「真理の根底には、そうとうしっかりした軸《じく》が埋《う》まっている」ということを知るに至るでしょう。そして、おそらく、現実の社会、あるいは、ビジネスの世界というものを無視できないと感じるようになるだろうと思います。

それは、そうした社会を規律する法則を真理のほうに向けていくことによって、より大きな力で世の中を変革していけるという場面が出てくるからです。

そういう意味で、単なる逃避《とうひ》だけでは済まない部分があるのです。

4　仏陀《ぶっだ》の反省、ヘルメスの繁栄《はんえい》――これを両輪として

私が、最初期から説いていることですが、現代においては、まず、「仏陀《ぶっだ》の反省的・瞑想《めいそう》的生活とヘルメスの繁栄《はんえい》・発展の法則を両輪に据《す》えて走っているのだ」ということをしっかりつかんでおいていただきたいのです。片面だけではなく、この両面をしっかりと据えつけ、そして、融合《ゆうごう》させていこうとしています。

この基本認識を忘れないでいただきたいということです。片方だけでは、現代という時代を変えていくには不十分でしょう。「仏陀の法」と「ヘルメスの法」の両方がどうしても必要であり、この両者の統合をしなければなりません。この両者を統合した上で、さらにその上なる概念《がいねん》、上位概念というものが出てくるのです。

仏陀の法もヘルメスの法も、やがてかすんでいく時代が来るでありましょう。

それは、さほど先のことではないでしょう。一年目、二年目で、例えば反省法について言えば、仏陀の八十年の生涯《しょうがい》というものが総決算されつつあるわけです。また、ヘルメスの生涯も総決算が始まりつつあるのです（説法《せっぽう》当時）。このあとに来るものがいったい何であるのか、これをみなさんは考えねばならないのであります。

私たちは今、過去の遺産を学び、統合し、さらに、それを超《こ》えて進んでいこうとしているのです。

したがって、私たちの行く手には「未来」が見えます。ここに見えるものは人類の未来、未来社会です。そして、人類の未来社会のあり方を説くのが「幸福の科学」なのです。

5　ジャパニーズ・ドリームは真理の世界から

また、幸福の科学を起点とする、この日本での真理の運動は、新たな意味での、ジャパニーズ・ドリームになるであろうと予言しておきたいと思います。

アメリカにはアメリカン・ドリームというものがありました。そして、二十世紀は、そのアメリカン・ドリームのもとにいろいろな人が夢を求めて、アメリカという国の舞台《ぶたい》でさまざまなロマンを描《えが》いてきました。

そのアメリカが陰《かげ》りを見せてきています。次に来るものは何でしょうか。これが、いわゆるジャパニーズ・ドリームの世界なのです。

このジャパニーズ・ドリームは真理の世界から始まります。真理の世界を起点として始まり、やがて、これが浸透《しんとう》していくのです。

いったん経済のほうから始まったように見えたものが、真理の発祥《はっしょう》によって、すべての世界の色合いが変わっていきます。

今、みなさんは、その源流にいるのです。その流れはまだ小さいかもしれません。しかし、やがて、これは大きな流れとなって、未来社会のほうへも流れていく大河《たいが》であることが分かってくるようになると思います。『太陽の法』のなかで説いている、この大きさが、まだ世の中の人々には分かっていませんが、やがて、それをはっきりと知る時代が来るでしょう。

私たちは、この「正業《しょうごう》」のなかに、「現代社会」を見、「未来社会」を見ていくことも可能です。

それは、「いったい何のために仕事というものがあるのか」ということを、もう一度捉《とら》え直す機会なのです。

6　魂《たましい》の進化に資する「正業《しょうごう》」

仕事を通して「指導力」を身につける

そこで、私なりの結論を述べるとすると、「職業における訓練・鍛錬《たんれん》・努力というものが、はたして魂《たましい》に影響《えいきょう》があるのか」といえば、「大いにある」と言わざるをえません。

高級霊界《れいかい》の人たちを見ていても、魂的に進化している人ほど、「仕事」ということに関しては幅広《はばひろ》い活動が可能なのです。実際、非常に広範《こうはん》な仕事をしています。

それはなぜかというと、魂修行《しゅぎょう》として、九次元まで行っても残るものに「指導力」という面があるからです。魂の修行の目標として指導力という面が残っています。六次元以降はだんだんと指導者になっていく歴史であるわけですが、指導力という魂修行の課題は残っています。

この指導力を増していくためには、どうしても仕事というものができなければ駄《だ》目《め》なのです。

高次元霊であっても、指導力をつけるためには、やはり、時折地上に生まれて地上経験を身につけなければいけません。そうしないと指導力が低下していくのです。長い間、高次元の霊界にいると、地上の環境《かんきょう》についての理解、社会についての理解が欠け始めます。「霊的世界の感覚」と「地上の感覚」とに差ができて、地上経験をした多数の霊人《れいじん》たちが実在界に還《かえ》ってくるに当たって、彼らを指導する際に困難を感じるわけです。

こうしたこともあって、高次元霊であっても、単に救世のためだけに生まれ変わっているかといえば、そうではなく、仕事能力をつける意味でも出ていることがあります。仕事能力をつけることによって、実在界に還ってもさらに大きな仕事ができるのです。これは魂にとって非常に貴重な体験であると言ってよいでしょう。

救世の仕事も仕事能力で測られる面がある

この正業《しょうごう》という考え方については、『太陽の法』のなかで、「生かす愛」という段階にも分類できるであろうと述べてあります。ただ、正業のなかにもいちばん上の魂領域まで貫《つらぬ》くものがあるということです。神仏は、仕事ということに関してはそうとうな実力者であり、そうとうの仕事をされているということだけは間違《まちが》いがありません。

今、九次元の法というものを統合するという使命を担《にな》って、私はやっておりますが、この九次元の法の統合概念《がいねん》として、エル・カンターレが指導をしていますが。そして、九次元の十人の意見を統合しております。地上の人々が「父」と呼んできた本当の存在です。そういう意識があるわけです。

私たちの救世の仕事も、大きな枠《わく》から見たならば、一種の仕事能力で測られる面もあるということなのです。

7　職業はユートピアの原点

与《あた》えられた環境《かんきょう》で「最善」を尽《つ》くす努力を

私は、以前から、「会社や他の事業など、いろいろなところで仕事をしていて、そこでユートピアを築けない人、そこで仕事ができない人が、幸福の科学へ来たらそれができるかというと、そうではない」ということを明らかに述べています。幸福の科学というところは桃源郷《とうげんきょう》ではありません。

やはり、他のところで役に立てるような人が当会のなかで活動することによって、さらなる力が出てくるものです。この点は、どうか勘違《かんちが》いしないでほしいと思います。

「この世的にはどこでも成功しない、幸福も享受《きょうじゅ》できない、ユートピアができたことはないが、幸福の科学だけではできる」と思ったら、それは十分ではありません。

『成功の法』のなかにあるように、「成功者の町」に入るためには、それだけの下準備が要《い》ります。

したがって、真理の運動に値打ちがあると思うとしても、ただそのなかだけに生きていてよいわけではありません。それ以外のところで足腰《あしこし》をしっかりと鍛《きた》えておく必要があるということです。

これについては、女性にも言えるでしょう。女性のなかには働いている人も多かろうと思いますが、主婦として家庭を守っている方は、「主婦業も正業《しょうごう》である」という観点を忘れてはなりません。

少なくとも、ユートピアづくりの原点は、「他の人の役に立ちたい」という願いです。身近なところでこのユートピアづくりのスタートが切れない場合、これを一挙に飛び越《こ》して理想の実現する世界が出てくるとは考えられません。

『成功の法』（幸福の科学出版刊）

そこで、まず足元を見直していただきたいのです。主婦は主婦として、サラリーマンはサラリーマンとして、ＯＬはＯＬとして、現在の自分の立場をもう一度、振《ふ》り返ってみてください。

このなかにおいて、確かに環境《かんきょう》的要因というものはあるでしょう。環境的要因によって自己実現ができないことはあるでしょう。

しかしながら、「そのなかで最善を尽《つ》くしている」という現実があって初めて、他のところでも生きてくるのです。これは真理なのです。今、自分が置かれている立場、世界のなかにおいて学ぶということを放棄《ほうき》して、それ以外のところだけでは水を得た魚《うお》のように活動できると思うならば、甘《あま》いでしょう。そういう甘い幻想《げんそう》はやがて消えていくしかないのです。このことをよくよく考えていただきたいと思います。

この世において与えられる仕事に無駄《むだ》なものはない

私自身、この仕事に入る前にいろいろなことをやっていましたし、大悟《たいご》から幸福の科学を立宗《りっしゅう》するまでに準備期間をそうとう置いたつもりですが、活動を開始して痛切に感じたことは、「今までやってきたことの、どれ一つとして無駄《むだ》がなかった」ということです。

それ以前の段階において、もし、私が手を抜《ぬ》いた生き方をしていれば、やはり現在の仕事のなかにおいても、そうとうのマイナスが出たであろうと推定されます。

その感は、一年一年、一カ月一カ月、一日一日、ますます深くなってきていますす。むしろ、「もっと密度の濃《こ》い魂修行《たましいしゅぎょう》ができなかったか」と反省されるところです。単に霊《れい》とか神とかいうものを追いかけるのではなくて、それ以前の人間的修行において、まだまだ学ぶべきことが多かったのではないか。学び尽くしていなかったのではないか。もし、タイムマシンに乗って引き返すことができるならば、もっと徹底《てってい》的にやっておきたかった、学んでおきたかったという気持ちは非常に強くあります。

そういう意味で、無駄なものはないのです。無駄なものが出るということは、それを活《い》かし切らないからでしょう。「活かす心がない」から、「活かそうと考えない」からなのです。この世において与《あた》えられる仕事のなかに無駄なものはありません。それはすべて魂の糧《かて》となり、魂の糧となるだけではなく、ユートピアづくりのための積極的道具となるはずです。このことについて深く知らねばなりません。

8　仕事（ワーク）と労働（レイバー）

自分の役割を紙に書き出す

この正業《しょうごう》の反省に入るに当たって、まず、その前提として考えなければならないことは、「自分に今、与《あた》えられている仕事」についてです。「仕事とは何か」ということをまず考えてみることです。

自分にはどういう仕事が与えられているのだろうか。仕事とは「役割の代名詞」と考えてもよいでしょう。自分に与えられている仕事、すなわち、役割はいったい何であろうかと考えたときに、自分の役割というものを一枚の紙のなかにおそらく書けると思います。書き切れないほどの仕事をしている人もいるかもしれませんが、多くの方は、おそらく一枚の紙のなかに「自分の役割とは何なのか」ということを書けるでしょう。そして、幾《いく》つかの役割について、「どの部分をどのように実践《じっせん》していくるか」と考えを巡《めぐ》らせることができるはずです。

例えば、会社で社長をやっている人もいると思います。もちろん、その方の仕事は幾つかに分類されるでしょう。社長業以外にも仕事としてやっている立場はあるはずです。家庭のなかでも「父親」という一つの仕事をやっています。父親業というものも、やはりあるわけです。それ以外にも、他のいろいろなところで人間関係を持っているはずであり、そのなかにも、それなりの役割はあるでしょう。何らかの社会に、何らかのかたちで参画しているのが私たちなのです。

一つひとつの役割について、「仕事（ワーク）」か「労働（レイバー）」かを考える

これを一つひとつ取り出して、「自分はそこで十分な役割を果たしているかどうか」を考えていただきたいのです。

そして、このときに、さらに考え方を深めていくとするならば、二段に分けても

よいかもしれません。つまり、この役割の概念《がいねん》を、「より高次な意味での仕事」と「労働」というものの二つに分解して考えてもよいでしょう。

労働という概念は、単純再生産のために必要とされる仕事のことです。みなさんが人間として生きていくために、どうしても必要とされる仕事です。毎日毎日しなければならない、生きていくための仕事、これが労働でしょう。

この上位概念としての仕事というものを取り出すとするならば、そのなかに含《ふく》まれるべきものは何かというと、「生産的なもの」という考え方になります。「自分の働きによって、どれだけプラスアルファを生み出せたか」ということです。

こういう考え方でやってみると、あらゆる役割において、この二段階が出てくることになります。主婦であっても、朝食をつくり、昼食をつくり、夕食をつくるといった仕事のなかにも、大きく分ければ「労働」的に考えられる部分と、「労働の上の概念としての仕事」に分けられる部分とがあります。英語で言うと「work（ワーク）」と「labor（レイバー）」の違《ちが》いです。

9　仕事としての母親業

「仕事」か「労働」かを分ける「心の価値」の含《ふく》み方

例えば、料理をつくる際にも、「心を込《こ》めて」という言葉がありますが、子供たちやご主人の健康のことを十分に考え、そして、今の健康状態や仕事の内容から栄養バランスといったものを考えた上で意図してつくる料理は、ワーク、仕事に当たります。しかし、もし、何の気なく材料を集めて、ただつくっているだけであれば、これはレイバー、労働に当たるわけです。

こうした「心の価値」の含《ふく》み方によって、外見的には同じことであっても、二つに分かれます。

また、母親であるならば、子供の教育というのは天職にも近いものであるでしょう。この子供の教育においても、ただ単に子供を叱《しか》っているだけ、自分のいろいろな不満、不平、それから愚痴《ぐち》といったもののはけ口として、子供に「とにかくあなたはああしなさい、こうしなさい」と言っているだけで、母親としての役割を果たしているつもりであるならば、この役割は生産性を持っていないとも考えられます。これは、「仕事」ではなく、「労働」にすぎないというようにも考えられるわけです。

母親としては、当然、子供のいろいろなことを見て小言を言うでしょうが、それが生産性に結びつかないときには、「労働」になります。しかし、その子供への注意が、その子を伸《の》ばし、将来、有為《ゆうい》な人材としていくために不可欠のものであるならば、これは「仕事」と言ってよいわけです。

今、この家庭における仕事、母親の仕事がなおざりにされているがために、社会問題が数多く起きています。職場に出て「仕事ができる、できない」ということがいろいろあるわけですが、この原点は家庭にあることが非常に多いのです。家庭における教育が足りていない人は、この家庭教育を職場に持ち込むことになり、これが職場でのいろいろな問題を起こすようになってきます。

本来、家庭で終わっているべき教育が職場で行われることになればどうなるでしょうか。その人は〝マイナスからのスタート〟ということになるわけです。こうして、いろいろな問題が起きてくるようになります。

社会に出て、マイナスからのスタートにならなくてよいような状態まで持っていくのが家庭教育の仕事です。それが、「人間関係」を教えることであるし、「人間としての生き方」を教えることであるでしょう。

この根本《こんぽん》部分を教わっていないと、実社会に出てからの試行錯誤《しこうさくご》が非常に増えてきます。いろいろなところで上司に叱られたり、あるいは仕事のなかでの不調和を起こしたりすることになってくるのです。それは、家庭教育という根本の部分が終わっていないからであり、原点を辿《たど》れば、母親が十分な仕事をしていないのです。

創意工夫《そういくふう》によって、家庭のなかに優《すぐ》れた環境《かんきょう》をつくり出す

今、職場環境《かんきょう》のなかでは、仕事に関して、どこも勤務評定を行《おこな》っています。たいていのところでは、給料、あるいはボーナスといったものに点数化した勤務評定をしているのです。

ただ、これを「主婦業」、あるいは「母親業」に持ってきたらどうでしょうか。ここにも実力の差は絶対にあるはずです。仕事にだけあって主婦業や母親業にはないと思ったら、これは大間違《おおまちが》いです。絶対にあるはずなのです。

母親業としての実力の違いは、必ずあります。「平均を超《こ》えている人」「はるかに優《すぐ》れた人」「平均以下の人」と、いろいろあるのです。そうして、母親として平均以下の仕事でもって育てられた子供たちはどうなるかというと、スタート点において、かなり後《おく》れを取ることになります。この仕事の評価は、結局、長い意味での自分の将来の幸・不幸というかたちで返ってくることになるのです。

また、これ以外でも、主婦として、「家庭の管理能力」という問題があります。これは単に職場で、あるいはスーパーマーケットへ行って伝票を切っているだけの仕事と比べて値打ちが落ちるかといったら、決して落ちはしません。むしろ、非常に大切な仕事の一つです。「家庭のなかにおいて、どれだけ優れた環境を創意工夫《そういくふう》によってつくり出すか」ということは、非常に貴重なことなのです。

みなさんは、「お金になればそれがよい」と思うかもしれないけれども、お金になったとしても、それが単なる労働、レイバーになることもあれば、お金にはならなくとも生産性を持った仕事、ワークになっていることもあります。家庭のなかにおいても、ワークになることがあるのです。ですから、これを放棄《ほうき》しているということは、「真理社会のなかでは自己実現できる」ということを意味しないわけです。

「自分の魂《たましい》」を仕事のなかに生かそうと努力する

この職業上の問題点は多岐《たき》にわたります。それは、みなさんも自覚しているとおりです。そうとうの幅広《はばひろ》い職業がありますし、また、そのなかで要請《ようせい》される職務態度も極《きわ》めて多様です。

ただ、言えることは、少なくとも「正業《しょうごう》をしている」と言えるためには、まず、その仕事のなかにおいて自己発揮ができていなければなりません。

自己発揮というのは、「あなたがこの世に生命《いのち》を持った意味を、その仕事のなかに見いだす必要がある」ということです。「あなたがこの世に生を享《う》けたことの意味が現れなければいけない、発揮されなければならない」ということです。

「自分の魂」を仕事のなかに生かそうとする努力が必要です。そうではなく漫然《まんぜん》と終わるのであれば、これは、たいへん残念なことです。後《のち》の「正命《しょうみょう》」にもかかわることですが、たいへん残念なことであります。「真の意味において自己発揮ができる」ということが、正業のための重要なことの一つなのです。

10　仕事のなかにおける常勝《じょうしょう》思考

失意のときには教訓を学び、得意のときには努力を積む

もう一つは、「仕事の場において、無限に学ぶという立場を忘れてはならない」ということです。

仕事の場で思いのままにならないことはいくらでもあるでしょう。それは、みなさんにとって不本意なことであるかもしれません。自分としてはベストの仕事をしているつもりであるのに評価を受けられない、あるいは邪魔《じゃま》が入るということはあるでしょう。

ただ、ここが一つの考えどころであると思うのです。いろいろな挫折《ざせつ》や妨害《ぼうがい》、失意の環境《かんきょう》が現れたときには、常に、「そこで自分は何を学ぶか」ということを考え

なければなりません。そこには必ず学ぶべきことがあります。これは見落としてはならない重要な点なのです。

「この世に無駄《むだ》なものは一つもない」と思えば、うまくいかないときにおいても、「これは何かを自分に教えようとしているのだ」という観点から見たときに、納得《なっとく》するものが必ずあるはずです。そして、そこから得られたものは、必ず、次なるチャンスに生かされることになっていきます。このことを決して忘れてはなりません。

さらにもう一つ、正業《しょうごう》で気をつけなければならないことは、仕事において成功の段階にあるとき、発展の段階にあるときの考え方です。

これについても、私はすでに何度も述べていますが、「失意のとき、挫折のときよりも、むしろ成功のときのほうが難しい」ということです。これについては、何度も何度も繰《く》り返して述べています。それは、人間はどうしても自分がかわいいがために、安易なところで満足をし、出来上がってしまうところがあるからです。

したがって、「上向《うわむ》きだと思うときに、もう一度、足場を固めていく」「人からほめられればほめられるほど、謙虚《けんきょ》な姿勢を強めていく」という考え方が大事です。そして、成功したと思ったら、その瞬間《しゅんかん》から、「次なる努力の場面が始まるのだ」「これからが新しいスタートなのだ」という考え方を、決して忘れないことです。

こういう考え方が「常勝《じょうしょう》思考」といわれる考え方なのです。「失意、挫折のときには必ず教訓を学ぶ。そして、得意のときにはさらに努力を積んでいく」というのは、絶対に誤らない生き方です。

「自分は神のご加護《かご》を得、守護《しゅご》・指導霊《しどうれい》たちの力を得て、これほど成功しているのだ」と思うのなら、「この期待に応《こた》えて、よりいっそう頑張《がんば》ってみよう」と思わなければ駄目です。逆に、「これは自分の力なのだ。当然のことだ」と思い始めたら、そこであなたの魂《たましい》の向上は止まると思ってください。

チャンスが与《あた》えられるほどに、次なるステップを目指す

チャンスが与《あた》えられれば与えられるほどに、次なるステップを目指して頑張らな

ければいけないのです。ここが踏《ふ》ん張りどころです。このときに踏ん張らなければ、小成にすぎません。小人物で終わりです。必ず、次のステップへ行かなければならないのです。そうした有利な環境が出てきたときに、「よし、これに応えなければいけない。これに応えて、もう一段大きな仕事をしてみよう。みんなの役に立ってみよう」という気持ちが出ず、そこで出来上がってしまったら、もうそれまでなのです。

一年間を振《ふ》り返ってみても、仕事の面において、自分の「不遇《ふぐう》な部分」「不幸な部分」「挫折部分」というのは、おそらくあったでしょう。そのときに、あなたはどう思ったでしょうか。教訓を学び得て、次なる準備ができたでしょうか。

また、得意のとき、あなたはどうだったでしょうか。得意のときに、「まだまだ、こんなものであってはいけない。これは本当の自分の力ではない。多くの人の光によって、力によって、現在の自分があるのだ。もっともっとお返ししていかなければならない」と考えられたでしょうか。それとも、そうした立場が与えられたことを当然だと思ったでしょうか。

11　環境《かんきょう》に感謝する姿勢

「自分独《ひと》りの力で成功した」と勘違《かんちが》いせず、周りに感謝する

ともすれば、私たちは誤解をすることがあります。自分自身が光っているわけではないのに、他の光を当てられることによって、その反射光で光っているにすぎないのに、すなわち、〝月のような存在〟であるのにもかかわらず、自《みずか》らを〝太陽だと勘違《かんちが》いしてしまう〟ことがよくあるのです。

それは、みなさん一人ひとりにすべて言えることです。月のように、実は反射光で光っていることが多いのに、「自分は太陽だ」「自分で光っている」と思ってくる瞬間《しゅんかん》があります。これがいちばん危険なときです。

大企業《だいきぎょう》に勤めている人は、特にそういう危険があると思います。「すべて自分の

力だ」と思ってしまいやすいのです。仕事が進んだり、対外的な交渉《こうしょう》がうまくいったりすると、「自分の力だ」「自分の器量だ」と思ってしまいがちですが、やはり、会社の看板がそこに効いていることがあります。あるいは、官庁に勤めている人もそうです。その官庁のバックがあって初めて仕事ができるのであり、これを取られたときにどうなるかを考えたら、けっこう無力な自分を見いだすのです。

ですから、自分の個人的信用でできた仕事ではなかったのです。その組織の背景なり、看板なりによって仕事ができていたのを、自分個人の信用だと思ったり、実力だと思ったりしたら、この次の段階で苦しみが始まります。

役所などでも上り詰《つ》めた人に天下《あまくだ》りということがよくあります。もちろん、天下りでも成功する人はいます。それ相応の実力がある人は成功を収めていますが、逆もまた多いのです。

私もずいぶん見てきましたが、役所で、ある程度以上の立場にあった人が転職して天下っても、なかなか成功できないのです。天下って、給料をもらうだけの立場に甘《あま》んじている人はいくらでもいます。そういう人は、便利屋的に使われているだけなのです。それは、「自分の実力」と、「バックあっての実力」とを誤解して生きてきた人たちの姿です。本当に仕事ができたわけではなかったのです。机がものを言い、椅子《いす》がものを言ったということがあるわけです。

これは、普通《ふつう》の会社の部長や役員でも同じです。「自分がいなければ、この会社はもたない」と思っていても、その人が退職したあとも会社は動いているのではないでしょうか。「自分がいなければ、この部は回らない」と思っていても、新しい人に変わってもすぐに動いていくようになります。やはり、ここに大きな考え違いがあることが多いのです。

八割ぐらいは「組織の力」、あるいは「法人の力」「みなの力」であり、残りの二割ぐらいが〝自分の個性によって味付けをしている部分〟であることが数多くあります。そこを勘違いしてしまうわけですが、ここをよくよく考えなければならないということです。現在成功している人も、それを「自分独《ひと》りの力だ」と思わずに、その成功を支えている要因に対してじっくりと分析《ぶんせき》をし、そして、自分を支えてくれた人に対しての「感謝の思い」を持つことが大事なのです。

『成功の法』（前掲《ぜんけい》）にも書いてありますが、少なくとも、他の人の引きなくして成功する人はいません。「ゼロ」と思ってください。なぜなら、人間社会というものは、そのように成り立っているからです。

自分独りだけで生きているロビンソン・クルーソーのような世界もあるかもしれませんが、彼の場合でも、フライデーという召《め》し使いが出てきて発展したわけであり、自分独りではなかなか発展というのはないのです。

「上司」や「自分を引き立ててくれる立場の人」を批判しない

それと、もう一つは、宗教的人格のなかには考え違いをする人が多いのですが、特に、強きを挫《くじ》く性格の人は、みなさんのなかにもそういるのではないでしょうか。

真理を学んでいるような人のなかには、どうしても、「この世的権力」、あるいは「成功者」へ背を向ける部分があります。そうしたものに背を向けて、「自分はそういう世界の人間ではなく、別の世界の人間なのだ」と考えやすいのです。そして、「上司」を批判したり、「本来なら自分を引き立ててくれている立場の人」を批判したりするようになることがあります。これは、やはり、成功の原理を知らないのです。

いくら下の者をかわいがっても出世はできないものです。それは、そういう〝力学〟があるからです。いちばん出世するタイプは、上にかわいがられ、下に愛される人なのです。

転職する際にも、「自分はどれだけ多くの人に愛されていたか」ということは、よく分かるはずです。自分が去っていっても、誰《だれ》もまったく困らず、誰も「残念だ」とも言ってくれないというのは、寂《さび》しいかぎりです。しかし、時折、こうした人間になっていることもあります。

ですから、私たちは、成功していると思うときに、よくよく自分の周りを見なければなりません。「ある人たちの力によって現在の自分があるのではないか」「それに対する感謝ができたか」「報恩《ほうおん》ができたか」、また、「その報恩は、さらなる自己改革と自助努力というステップを生み出しているかどうか」ということを考えなければなりません。「太陽」と「月」の比喩《ひゆ》を、よくよく思い出してください。

以上は、極《きわ》めて現代的な「正業《しょうごう》」論である。

釈尊《しゃくそん》の説いた根本《こんぽん》仏教では、「正業」は「正行《しょうぎょう》」でもあり、転生《てんしょう》の際の〈カルマ〉のもととなるものである。すなわち、戒律《かいりつ》や法律、道徳に反する行為《こうい》をしなかったか。犯罪に当たる行為をしなかったか。などが中心であった（『太陽の法』第2章第10節参照）。

第6章

正命《しょうみょう》

一九八九年一月十四日　説法《せっぽう》
東京都・幸福の科学研修ホールにて

1　正命《しょうみょう》の現代的意味

正命とは、現代的には「時間の生かし方」と「ライフスタイル」

「正しく生活をする」ということに関して述べてみたいと思います。

「正業《しょうごう》」と「正命《しょうみょう》」の違《ちが》いについては、「職業」と「生活」との違いというように考えればそれまでですが、正命のなかにはもっと違った意味合いがあります。現代的に言い換《か》えるとするならば、この正命というのは「時間の生かし方」というように考えてよいでしょう。時間の生かし方に関する本は数多く出ているので、目を通したことのある人も多いのではないでしょうか。

また、この正命は、別の言葉で言うならば、「ライフスタイル」という言葉に置き換えてもよいかもしれません。「あなたは、どのようなライフスタイルをよしとするのか」という問いかけです。「あなたは、どういう時間の使い方をよしとするか」、そして、「どういうライフスタイルをよしとするか」ということは、現代にも生きています。

現代社会のなかにおいて、「みなさんが理想と考えるライフスタイルはどうであるか」という問いかけをされたら、サラリーマンのみなさんは、「正業」と「正命」の違いが分かるでしょう。アフターファイブというように考えてもよいかもしれません。「アフターファイブの生き方はどうなっていますか」ということです。この無限の時間を、みなさんはどのように使ってきたでしょうか。その結果、現在、自分がどうあるのでしょうか。そして、今後どうなっていくのでしょうか。これを考えてほしいのです。

人は「時間」の下《もと》に平等だが、その使い方によって世界が分かれる

「時間」を金貨にたとえた人もいました。

毎朝、起きるたびに、二十四枚の金貨がポケットのなかに入っている。ところが、見ていると、ポケットのなかから金貨を取り出して、ドブのなかに捨てて歩いている人が大勢いる。それでも、いっこうにおかしいと思っていない。本当は、「時間」は金貨以上の値打ちを持っているものなのだ。それにもかかわらず、「金貨を捨てたらおかしい」と思っても、「時間を捨てることをおかしい」と思わない人があちらにもこちらにもいる。まことに嘆《なげ》かわしい。

　このように考えた人もいました。

　また、『黄金の法』のなかにも書いておきましたが、「二十四時間という時間の下《もと》における平等性」を考えてみることが大切です。

　何の下に各人が平等であるかというと、時間の下の平等ほどはっきりしたものはないのです。どんな人であっても、一日二十四時間しか与《あた》えられていません。この二十四時間を使って偉人《いじん》になる人もいれば、まったく世の

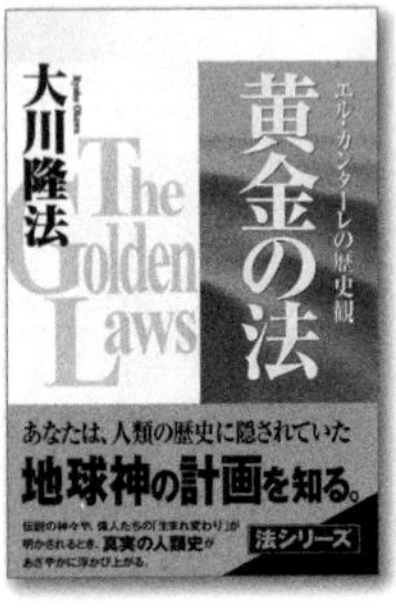

『黄金の法』（幸福の科学出版刊）

中を害しただけで終わってしまう人もいます。

そして、「天国・地獄《じごく》は来世《らいせ》で分かれる」と言われていますが、それらはすべて、こうした時間の使い方で分かれてきた世界なのです。「自分の時間をどういうものに使ってきたか」ということです。

2　単位時間の真理価値を高めよ

一日の時間の使い方を「ユートピアへの貢献度《こうけん》」の観点から反省する

時間管理ということは、現代的仏法真理《ぶっぽうしんり》においてはどうしても必要です。これを無視しては進めないものがあります。それも、単なる「相対的時間」、時計で計れる時間だけではなく、「絶対的時間」という意味で考えていく必要があります。自分の一時間の時間効率を高めることです。

この時間効率は、単なる作業能率とは違《ちが》います。物を運ぶという意味での作業能率を高めるというものではなく、「一時間に含《ふく》まれているユートピア価値を高める、真理価値を高める」ということでもあります。その人の一日二十四時間になした「ユートピアへの貢献度《こうけん》」「真理への貢献度」というものを、時間単位で割り出したときに、平均打率が出てきます。この平均打率をどうしても高める必要があるのです。これが、人生を黄金に変えるための秘訣《ひけつ》でもあります。

この観点は、反省において非常に大事です。「一日をどう生きたか、生活したか」という反省は、漠然《ばくぜん》としていて分かりにくいことが多いのですが、時間の観点から反省していけば、かなりのところまで分かります。「自分が、どのように時間を使ったか」という観点から反省をしていくのです。

朝起きてから夜寝《ね》るまでの間の時間の使い方を反省していきます。そして、そのなかでどれだけ時間効率を上げてきたかということを見ていくわけですが、この「時間効率」は、単なる作業能率のことを言うのではありません。「真理的立場」「ユートピア的立場」から見ての時間効率をどれだけ上げたか、まったくそれに関係のない時間が多すぎはしなかったかどうかです。

ミスのないしっかりとした仕事には真理価値がある

デスクワークにおいても、確かに、しっかりした仕事をしているということは、それ自体に真理価値があることは事実です。それは小さい社会での出来事ではありますが、少なくとも、そのなかで役に立ったことは事実ではあります。

ですから、特に真理にかかわる運動をしたことだけを言っているわけではなく、普通《ふつう》の職場でデスクワークをしていても、そのなかにおいてきっちりとした仕事、よい仕事をしたということであるならば、それはそれでプラスと考えてよいでしょう。その間《かん》に仕事でミスを犯《おか》したり、あるいは他の人に迷惑《めいわく》をかけたり、取引先に迷惑をかけたりと、マイナスのことをたくさん起こしたならば、これは真理価値的にはマイナスになっていきます。

したがって、その単位時間当たりの自分の仕事の内容を見ていくことが大事です。これが正命《しょうみょう》的判断からの反省です。

「正業《しょうごう》」と「正命」とは似たところもありますが、このように、正命を「一日の時間の使い方」という観点から照射していくことも可能です。これに対して、正業は、「もっと大きな意味での仕事の仕方」、「自分の生き方」、「行為《こうい》によって自分の値打ちは決まる」といった点から考えればよいでしょう。

3　未来へ投資するライフスタイル

自分の自由になる時間を将来への投資に充《あ》てる

もう一つは「生き方のスタイル」そのものです。これ自体について検討する必要があると思います。

あなたが、今、理想とするライフスタイルは、どういうものでしょうか。これを考えてほしいのです。「何をもって理想とするか」「どういう生き方ができていけば自分としては本望《ほんもう》なのか」というように、一日二十四時間という考え方を、もう少し中長期的な観点から眺《なが》めてみるということです。五年、十年、あるいはもっと大きな範囲《はんい》のなかにおいて自分の生き方を決めていくことも、正命《しょうみょう》のなかに入っていると思います。

そうして、実は、このライフスタイルのなかで特に重要なのは、自分の自由になる部分です。自由になる部分の時間の使い方を、特に考えていくことです。

二十四時間のうちには、生活必要時間があります。また、仕事上、どうしても必要な時間もあります。これらを取り除いた残りの、自分にとって自由になる時間を使って、未来を設計していくことです。これは一つのプロジェクトです。自分の人生の計画設定であり、そして、その実践《じっせん》です。少なくとも、このライフスタイルにおいて、何らかの理想を持つべきであると、私は考えます。それをただ漫然《まんぜん》と過ごしてはならないと思うのです。

自分のライフスタイル、生活のパターンを築き、その生活のパターンのなかに、将来の自分への投資に当たる部分を必ず盛り込《こ》んでいくことです。将来的に自分にとってプラスになることを盛り込んでいくことが大事であると思います。いつ、どういう環境《かんきょう》が現れても、どういう人間関係が現れても、自分が有為《ゆうい》な人間として、また、優《すぐ》れた人間として、役に立てる人間として、人に喜ばれるような人間として生きていけるための資産を、生活設計のなかでつくっていくことです。これが大事ではないかと思います。

このなかには、もちろん、読書をするというようなこともあるでしょうし、音楽を聴《き》くということもあるでしょう。あるいは、身体《からだ》を鍛《きた》えるということもあると思いますし、カルチャーセンターのようなところに通う人もいるでしょう。いろいろ考え方はあるでしょうが、「未来への投資」という観点から考えてみる必要があります。

「根を張り、幹を太くする」という生き方を見いだす

例えば、私自身はどうしているかと考えてみると、最近読んでいる書物のなかには、現在は今すぐに役に立たないものもありますが、あと何年かたったら生きてくるはずです。それで、今、数年後のためのストックをつくっているわけです。このように、いつでもかなり先の蓄積《ちくせき》を順番にしています。

ところが、本書では、反省の方法などを説いています。ですから、今、読んでいるものとは必ずしも関係がないところもあります。頭のなかに入っているものは、これに限ったことではなく、まだほかにもいろいろとやっています。将来、三年後に役に立つもの、五年後に役に立つものというように、十年後、二十年後、三十年後のことを考えてやっています。いろいろなことをして、そうとう根を張っているのです。しかし、根を張っているから、逆に波風に強いという考え方もあるでしょう。これは『不動心』のなかでも説いておきました。

この正命のなかでは、やはり、「根を張る」という考え方が大事です。正業《しょうごう》、職業的な考え方だと、「とにかく今、与《あた》えられているところで最善を尽《つ》くす」という考えもあるでしょうが、正命のなかには、「人生の幹を太くし、また、根を張る」という作業が入っています。これが、おそらく、人生に余裕《よゆう》を与え、そして、幅広《はばひろ》い目でいろいろな人の考えを知る、

『不動心』（幸福の科学出版刊）

理解するということの材料になっていくでしょう。

ですから、正命のなかには、「余裕」という観点も、できたら入れておいてほしいと思います。現在の自分という立場を離《はな》れても、人間としての底力が出てくるように、教養を身につけ、体力をつけ、そして、いろいろなかたちで人々の役に立っていけるような投資戦略を、ぜひともやってもらいたいのです。これが現代的な生き方だと思います。

この点において配慮《はいりょ》を怠《おこた》った人は、やがて、「アリとキリギリス」の話のようになっていくでしょう。これについては、みなさんご存じのはずです。

夏の間、アリはせっせと働き、餌《えさ》を蓄《たくわ》えていたが、キリギリスは食料が豊富だったので、歌を歌って過ごしていた。ところが、冬になったら餌がなくなったため、アリに「餌を分けてくれ」と言ったけれども、「夏の間、あなたは何をしていたのですか」と言われる。こういう話がありますが、このようになっていくということです。

「しっかりと根を張り、幹を太くする」という生き方を見いだしてください。この正命というのは、そのための「積極的反省」に当たります。こうした「積極的反省」を、ぜひしてほしいのです。

以上は現代風の「正命」の解説である。伝統仏教的には、身《しん》・口《く》・意《い》の調和のとれた生活を意味し、身体《からだ》が罪を犯《おか》さなかったか、口から出た言葉が適切だったか、一日を通《とお》して意《おも》いによこしまなものがなかったか。トータルバランスを反省することを意味する。酒・タバコ・賭博《とばく》・麻薬《まやく》・不適切な性行動などを振《ふ》り返ることが大事であった（『太陽の法』第2章第10節参照）。

第7章

正精進《しょうしょうじん》

一九八九年一月二十一日　説法《せっぽう》

東京都・幸福の科学研修ホールにて

1　神仏のお心への精進《しょうじん》

悟《さと》りを維持《いじ》していくことこそ、いちばん難しい

「正精進《しょうしょうじん》」は「正道《せいどう》に精進する」ということです。仏教では、この「正しく道に精進する」ということを非常に重視しています。

第3章の「正思《しょうし》」においても、「自助努力の姿勢」ということを述べておきました。重なるところもあるかと思いますが、正思のほうでの自助努力は一般《いっぱん》的な面であるのに対し、正精進のほうは、もう少し具体的、個別的になります。「真に悟《さと》りを求めている者たちにとって必須《ひっす》の心掛《こころが》けとは何か」ということが問われるわけです。

この正精進は、あくまでも「道への精進」と考えていただきたいと思います。単

なる「商売での精進」というようなことではありません。「神仏の方向に向かっての精進」ということになります。仕事の面で生かすとすれば、「その方向性がユートピア建設へ、神仏のお心の実現へ向いている」ということが大事です。これが正精進の前提条件となりましょう。

さて、この「正しく道に精進する」という場合にも、幾《いく》つかの判断基準があるであろうと思います。

みなさんは、「正しく道に精進しているかどうか」を、いったい、どのように判定しておられるのでしょうか。どのように判断しておられるのでしょうか。

ここで、私は修行《しゅぎょう》そのものの意味を、みなさんに考え直していただきたいと思うのです。

『釈迦《しゃか》の本心』（前掲《ぜんけい》）という本の最終章に、「人間完成の哲学《てつがく》」というものを挙げておきました。このなかでは、「悟りへの道が、いかに難しいものであるか」ということを書いたつもりです。

可能性はすべての人に開けている。そして、瞬間的《しゅんかん》には、ある程度のところまで達することも可能とされている。しかし、維持《いじ》することが難しいもの。これが悟りです。

「悟りの要諦《ようてい》は、実は、この維持のところにある」と看破しなければならないのです。もちろん、悟りに入っていく過程も難しいのですが、「悟りを維持していくことこそ、本当はいちばん難しいことなのだ」ということを知らねばなりません。

それは、一時期、一瞬あるいは一日や二日だけ悟った人がいくら出たところで、世の中がよくならないのと同じです。十年、二十年と続いていって初めて、自分の血となり肉となっていくものなのです。

したがって、「悟りにおいて安易なものは許されない」という考えを持っていただきたいのです。

仏法真理《ぶっぽうしんり》の学習と結果は「悟りへの『入場券』であり、『乗車券』ではない」

（当会の資格セミナーで）上級試験に合格し、賞状を手にされた方々にも言っておきたいのですが、上級試験に合格された方は、ある程度、仏法真理《ぶっぽうしんり》の理解ができ、ある程度の心境に来ていることを認定されたわけです。しかし、これは「悟りの入り口に立った」ということであって、「悟った」ということではありません。

これを勘違《かんちが》いすれば、簡単に、一瞬で、あるいは一日で転落していきます。それを間違えないでいただきたいのです。

「賞状を手にする」ということは、みなさんが天国で天使として生まれ変われることの保証ではないのです。それは、「悟りの入り口に立った」ということなのです。それ以上のものではありません。

この意味において、仏法真理の学習とその結果は、「悟りへの『入場券』であり、『乗車券』ではない」わけです。

「悟った」ということは、そう簡単にはないのです。十年、二十年、あるいは一生を通じ、ぐらつかない心で、それだけのレベルの心で、どんな環境下《かんきょう》でも生きていけるだけの自覚ができ、そして実績ができたときに初めて、「悟った」と言えるのであって、それは「悟りの入り口に立った」ということとは違います。

「一年や二年で出来上がる」ということは決してないのです。幸福の科学ができて二年余りです（説法《せっぽう》当時）。「これで悟った人がいるはずはない」というのが前提です。悟りの入り口に立った方はいるでしょう。また、途中《とちゅう》にある方もいるでしょう。しかし、悟った方はいないのです。

試験で何点を取っても同じです。それは「入り口に立った」ということです。入場券ではあるけれども、それを乗車券として使うためには、それだけの努力を連綿と続けていくことが必要なのです。

一定の心境に達したとしても、環境が変わったときに、ぐらりと崩《くず》れていくようであれば、その程度のものです。今は何不自由なく悩《なや》みもないから、その心境で学びができているとしても、それを維持していく過程において、まったく違った環境が出てきます。そのときに、それを乗り切ることができなければ、その悟りが簡単に壊《こわ》れていくことがあるわけです。

2 悟《さと》りの維持《いじ》の難しさ

若い人は「悟りの入り口」に立ちやすいが、「悟りの維持」では〝もろい〟

特に、若い方にとって、「悟《さと》りの維持《いじ》」は大事なことだと思います。

悟りにおいて年齢《ねんれい》は関係がありません。例えば、二十代に亡《な》くなった方、三十代に亡くなった方、四十代、五十代、六十代に亡くなった方が、亡くなったあとに行くところを見れば、その人の心の状態は、年齢とは関係がないのです。

若くして高いところへ行っている方もいますし、中年以降に高いところへ行っているいる方もいますが、むしろ、中年以降に心に曇《くも》りをつくり、霊格《れいかく》が下がっていくケースのほうが多いと言えましょう。この意味において、「悟りには年齢は関係ない」と言えます。

ただ、「悟りの維持には年齢は関係がある」と思わねばなりません。

若い人の場合、心に曇りをつくっていない分だけ、早く悟りの入り口に立ちやすいのは事実です。心に曇りが少ない分、また、いろいろな試練を受けていない分、「悟りの入り口」に立ちやすいのです。

しかし、人生の荒波《あらなみ》に揉《も》まれていなくて、甘《あま》い環境《かんきょう》に育っている以上、何らかの事件に出くわしたときには崩《くず》れるのも早く、「悟りの維持」において〝もろい〟のです。こうした難点があることを重々理解していただきたいと思います。

その意味においては、例えば二十代で百の悟りを得た者がいたとしても、この二十代の百の悟りは、その人が三十代、四十代、五十代となっていくうちに目減りしていく可能性は高いのです。「いろいろな事件に当たるたびに、五個落ち、十個落ち、十五個落ちる」という可能性は非常に強いと言えましょう。

ところが、四十代、五十代で得た八十の悟り、八十個の悟りは、その人がそういう人生の荒波を経《へ》てきているため、少々の事件が起きて二個や三個落ちることがあっても、そう簡単には落ちないわけです。

その代わり、純粋《じゅんすい》でない分だけ、百個まで積み上げるのはなかなか難しく、一個、二個を積み上げるのが難しいのです。しかしながら、そう簡単に崩れないところがあります。

こういう長所と短所があるわけです。

時間の経過、経験の流れのなかで光を増していく

悟りといっても、このようにレベルの差がありますが、あなたなりの悟りが本当のものとなっていくためには、「経験」という名の試練を通っていかねばなりません。「火のなかを通され、水のなかを通された鋼鉄」のようになっていかねばならないのです。

この経験を通し、その試練を乗り切り、人生の最終点まで走っていったときに初めて、「悟りを手に入れた」と言ってよいのだと思います。

ある程度の心境にあなたがなったとして、では、経済的な破綻《はたん》が来たら、あなたはどうなるか。肉親の一人が亡くなったら、どうなるか。エリートのポストから左遷《させん》されたら、どうなるか。離婚《りこん》という状況《じょうきょう》になったら、どうなるか。

いろいろな場面があるでしょうが、そのときこそ、「試《ため》されている」と思ってください。そうしたときに不動の心を持って精進《しょうじん》していける者は本物ですが、簡単にもろく崩れていく者の場合には、「その悟りは蜃気楼《しんきろう》であった」と思わざるをえません。

したがって、私は、この「正しき精進」に関しては、「時間の経過、経験の流れのなかで光を増していく」ということの重要性を特に説いておきたいと思います。

毎年毎年の心境があるでしょうし、毎年毎年、仏法真理《ぶっぽうしんり》の学びがあるでしょうが、「それを実生活において実践《じっせん》し、その悟りの堅固《けんご》さを試してみる」という姿勢を、どうしても持っていただきたいと思うのです。

学生であれば、今、「悟った」と思っても、社会人となったら、どうなるか分かりません。社会人となり、若手の社員から責任の重い中堅となったら、どうなるか。管理職となったら、その悟りがもつかどうか。

女性であれば、若い女性が結婚したら、どうなるか。その悟りを維持できるか。あるいは、まったく変わってくるか。結婚している女性であれば、ご主人の立場や職業、収入、こういうものが変わったときに、どうなるか。

こういうことが問われるのです。

3　知識を実践《じっせん》で示せ

ただ、どうしても私が言っておきたいのは、「いくら仏法真理《ぶっぽうしんり》を学んだとしても、実生活において奇人変人《きじんへんじん》のように見られる態度だけは、私は許さない」ということです。

私たちが目指しているものは、「どこでも通用する人材の育成」です。「仏法真理の空間だけで通用して、それ以外では通用しない」というような人をいくらつくっても、世の中は変わりません。仏法真理を学んで心が変わり、そして、その光を世の中にも還元《かんげん》できるようなみなさんであって初めて、修行《しゅぎょう》が生きていると言えるのです。

女性であれば、仏法真理を学んで悟《さと》ったことによって、ますます優《やさ》しくなり、ますます多くの人に愛されるような女性となって当然であり、学んだことによって自分が偏《かたよ》った生き方をするならば、問題外なのです。

若い男性でもそうです。今まで素直《すなお》に生きていたのに、学んだことによって天狗《てんぐ》になり、堕落《だらく》していくなら、何のために仏法真理を学んだのか分からないのです。

年配の人でもそうです。それで出来上がってしまい、急に威張《いば》り始めるようであれば、そんなものは何でもないのです。実力がつけばつくほど、謙虚《けんきょ》になり、物腰《ものごし》が柔《やわ》らかくなり、他の人に愛されるような人間、そして、もちろん、それ以上に愛を与《あた》えるような人間となっていかなければ、そういう人格となっていかなければ、この修行の意味はないわけです。

私たちの正精進《しょうしょうじん》とは、決して、「千日回峰《せんにちかいほう》」のように山のなかを歩いたり、滝《たき》に打たれたりすることでもなければ、仏法真理の知識をたくさん詰《つ》め込《こ》んで、それを競《きそ》うようなものでもありません。これらはあくまでも材料であり、仏法真理を学ぶことによって実生活にその光が出なければ、まったく意味がないのです。そういう意味での正精進です。

ですから、

「学んだ仏法真理を、学んだ知識を実生活で示せ。

その悟りが本物であるならば実践《じっせん》せよ。

実践されているかどうかは、周りを見れば分かるはずだ。

他の人の自分への接し方を見れば分かるはずだ。

そして、それが退化することなく、

いっそう素晴《すば》らしいものとなっているかどうか、

自己確認する姿勢を持ちなさい」

と言っておきたいのです。

正精進は、決して仏法真理漬《づ》けの特殊《とくしゅ》な人間をつくるためにあるのではありません。むしろ、仏法真理に触《ふ》れることによって心がくらりと一転し、心を開き、自己改革に取り組み、自分の欠点を修正し、いっそう素晴らしい、今までになかったような完成度の高い人間になっていただきたいのです。

そして、その途中《とちゅう》においては、「悟りの維持《いじ》はどれほど困難か」ということを決して忘れないでいただきたいのです。入り口に立っているだけで「悟ったつもり」になってはなりません。「悟りはこれからが本番だ」ということを、決して忘れないでいただきたいと思います。

正しい努力のあり方としての「正精進」は、大川隆法著『漏尽通力《ろじんつうりき》』なども参考にしてください。

『漏尽通力』（幸福の科学出版刊）

第8章

正念《しょうねん》

一九八九年一月二十八日　説法《せっぽう》

東京都・幸福の科学研修ホールにて

1　未来を拓《ひら》くための積極的反省――正念《しょうねん》

反省には「過去の悔《く》い改め」だけでなく「未来の発展への芽」もある

本章では、「正念《しょうねん》」について述べていきます。

「正念」とは「正しく念ずる」と書きますが、この意味はそう定《さだ》かには分からないのではないでしょうか。仏教書などを見ても、この「正念」の意味が分かっている人はいないと思われます。看破していないのです。やはり、言葉の意味にとらわれ、本当の意味での「正念」とは何かということが分かっていないのです。

それは、「心の作用」としてのさまざまなあり方について実体験している人が「正念」を語っていないからです。この「心の作用」についての実体験を通さずに「八正道《はっしょうどう》」を語り、「正思《しょうし》」や「正念」などについての話をしたとしても、その本当の意味は分からないわけです。

私の話を聴《き》いても、実は、それを単に聴くだけでは分かりません。それを実践《じっせん》に移し、実体験することによって、初めて分かってくるのです。

私がこれから「正念」について述べようとしている内容は、従来の仏教的反省を離《はな》れた部分になってくるでしょう。それは、「真説《しんせつ》・八正道」においては、この「正念」のなかに、従来の仏教的反省よりももう少し積極的なところを盛り込《こ》んでいるからです。『釈迦《しゃか》の本心』や『太陽の法』等のなかでも少し触《ふ》れているように、この「正念」の位置づけを「未来に対する心のあり方」という考え方でかなりまとめ上げています。この考え方を入れておかなければ、当会が四正道《よんしょうどう》として説いている教えのなかの「反省からの発展」という思想につながっていかないのです。

「反省」を、単に「過去に対する悔《く》い改め」ということだけに限定していると、「反省からの発展」という考えは出てきません。しかし、反省そのもののなかに、実は「発展への芽」がなければいけないのです。

「正見《しょうけん》」「正思《しょうし》」「正語《しょうご》」「正業《しょうごう》」「正命《しょうみょう》」「正精進《しょうしょうじん》」と反省を進めていくなかで、自分の心を明瞭化《めいりょうか》し、心の汚《よご》れを取り除いていく作業を終えたあとに、「未来に向けての布石」というものがなければならないわけです。

この転換点《てんかんてん》が、実は、「八正道」の七番目に出てくる「正念」であると考えてください。

「正念」を通しての「ユートピアづくり」

そして、この「正念」が、特に「愛」と関係があるとするならば、それは、他者との積極的なかかわりというところに眼目があります。この点に求められるでしょう。

「念」というものは、自分の内側から外側に対して発射するものです。ですから、少なくとも、他の人の人生に何らかのかかわりを持つことになります。必ず影響《えいきょう》を与《あた》えるのです。

したがって、この「念」というものの「性質」および「内容」について考えることは、実は「ユートピアづくり」ということと非常に関係があるわけです。ここを間違《まちが》ってはいけません。

すなわち、反省のなかに、積極的な「未来づくり」、あるいは「社会づくり」、「国づくり」、また「人間関係づくり」などのいちばん大事な部分が入っているということです。

2 念は具象化する

「念《おも》い」には物理的な力がある

そこで、「正念《しょうねん》」について、さらに詳《くわ》しく分析《ぶんせき》を加えていきたいと思います。

まず、「念」とは、いったい何でしょうか。

人間の心のなかにはいろいろなものが去来します。そのなかでも、非常に強烈《きょうれつ》なイメージをもって描《えが》かれるものがあります。強烈なイメージで表れてくるものがあるでしょう。

また、心があるところに止まって、それをずっと思い続けることがあります。

例えば、誰《だれ》かが私のことを思い続けていると、私には、その人の顔が本当に見えてきます。そして、「私のことを何か考えているな」と思うわけです。本当にそういうことがあります。

そのように、一定の時間以上、ある人に念《おも》いを集中していると、その念いは、相手に必ず通じていくのです。これは、よい念いでも悪い念いでも、同じく通じていきます。「念い」には、それほど物理的な力があるのですが、たいていの人はあまり敏感《びんかん》ではないために、それがはっきりと分からないわけです。

ある人に向けた念が姿形《すがたかたち》を取って現れることがある

では、「念」としてグッと念うと、その人の顔が見えてくるとは、どういうことでしょうか。

例えば、カントの霊言《れいげん》には、「ここにコーヒーを飲むカントあり。かしこに、雌《め》牛《うし》の乳を搾《しぼ》るカントあり」というような話が出てきますが（『大川隆法霊言全集　第9巻』〔宗教法人幸福の科学刊〕参照）、実は、ある意味で、自分というものを、念いによって分化したり分身をつくったりするようなことがあります。先ほどの例においても、空間的に私の側《そば》にはいない人であっても、目の前にその姿が見えてくるようなことがあるわけです。

これは極《きわ》めて面白《おもしろ》い現象です。そのようなときには魂《たましい》が抜《ぬ》けているのかといえばそうではなく、念いが具象化してきたものなのです。

これは、「この世」の世界でもそう見えるのですが、「あの世」の世界へ還《かえ》ると、この念いというのはもっとはっきりとした姿として出てきます。霊の世界では、ある人へ念いをパッと向けると、そこにその人の姿そのものがダーンと現れてくるのです。そして、対話したりすることもできますが、現実にそこにいるかといえば、いないわけです。これが不思議なところです。

こうした作用は、この三次元世界においても、ある程度働いています。そして、いろいろな人々にかかわりを持つようになっていくのです。

これが実は、古来、『源氏物語《げんじものがたり》』等の日本の古典のなかで、「生霊《いきりょう》」として語られていたものの正体です。古典の勉強のときに、「それは、昔の人だからそういうことを語ったのだろう」などと考えた人もいるかもしれませんが、人の念が来ると、その念は姿形《すがたかたち》を取ったものとして現れてくるわけです。これは明らかです。

そして、それは必ず、他人《たにん》と何らかのかかわりがあるし、自分自身の将来の姿とも関係してくるのです。

3 「正念《しょうねん》」は幸福を創造するための力

自己変革を通して「心」を変え、「世界」を変えていく

そこで、「念」の性質そのものについて、さらに考えていこうと思います。この「念」の部分を押《お》さえるということは、実は、人間の幸福を創造していくためにいちばん大事なことでもあります。

「正念《しょうねん》」の前にある「八正道《はっしょうどう》」の六つの項目《こうもく》ができていたとしても、この「正念」のところはかなり難しいところがあります。これを押さえられなければ、本当は幸福の創造ができないのです。失敗をしては取り戻《もど》し、失敗をしては取り戻しというところで終わってしまい、さらにプラスの人生をつくることは難しくなります。

私は、「心を変えれば、世界は変わる」ということを何度も述べてきました。

また、幸福の科学に集《つど》うということについては、「ここに集いさえすれば、幸福になれる」と言っているわけではないということです。「幸福の科学に集って、自《みずか》らを変革し、心のありようを変えたら幸福になれます。そのためのきっかけはお与《あた》えしましょう。しかし、それをつかむか、つかまないかは各人の問題です」と述べているわけです。

ですから、幸福の科学を人生の避難《ひなん》場所、あるいは待避場所とのみ考えるとしたら、とんでもないことです。なぜならば、ここは戦場だからです。自己変革を激しく迫《せま》られるところなのです。自己との闘《たたか》いを要求されるところなのです。「この看板の下へ来れば、ご利益《りやく》があって幸福になれる」などと思ったら、とんでもないわけです。「実社会でうまくいかない」「学校でうまくいかない」ということで、ここへ来ればご利益があって幸福になるかと思ったら、必ずしもそうではないということを知ってください。

ここは避難場ではなく、戦場である。なぜならば、「自己変革をせよ」という高級諸霊《しょれい》からの声が、次々と矢のごとく降り注がれているからです。この矢のなかをかいくぐり、そのままでいることは非常に難しいのです。いろいろなかたちで自己を点検し、変えていかざるをえないのです。

この自己変革に失敗すると、未来が拓《ひら》けなくなっていくのです。

このことについて、さらに具体的に述べていきます。

〝繊細《せんさい》な文学青年〟から自己変革した心の転換点《てんかんてん》

私は、人々の前で話をすることが多いのですが、鏡に映った自分の顔を見ていると、不思議なことに、魂《たましい》のきょうだいに恵比須《えびす》様か大黒《だいこく》様がいるのではないかと思うほど、だんだん恵比須顔になってきました。

なぜ、そうなったのかと考えると、栄養がよかったという考えもあるかもしれませんが、そうした物質的なことだけではなく、やはり、「自分の心の歴史のどこかで転換点《てんかんてん》があった」ということです。

そこで、私が霊道《れいどう》を開く前の数年を振《ふ》り返ってみると、そのころは極《きわ》めて繊細《せんさい》であったのは事実です。

今では信じない人のほうが多いと思いますけれども、かつては人の言葉でも、何年も心に突《つ》き刺《さ》さってしまうほど、けっこう繊細であったわけです。二年たっても三年たっても、そのときの恥《は》ずかしい思いや悔《くや》しい思い、あるいは残念な思いなどがバラの棘《とげ》のように刺さり、現在ただいまのように思い出されるという体験を、実際にしていました。

しかも、当時は文学青年気取りでいたので、それをよいことだと思っていたのです。いろいろなものが心に刺さり、じわじわと血が流れていくような気持ちになることも、実際にありました。そして、そういう繊細な部分、魂に食い込《こ》んでくるような悲しみのようなものが、人生を芸術化する一つの方法のように思っていたところがあったのです。

霊道を開いてからも、「繊細さ」ということでは、以前と変わらないどころか、もっとすごくなったかもしれません。いろいろな人の感情がストレートに伝わってくるようになりました。

そのため、かつては反省をするなかで、さまざまな曇《くも》りが取れたのはもちろんですが、その一方で、自分の暗いところや間違《まちが》いなど、いろいろなところが見えてきて、一時期、抜《ぬ》け出せなくなっていた時期もあったのです。そして、自己反省をしていけばしていくほど、さまざまなところが気になっていくのですが、それを変えがたい自分ということにも気がついていくわけです。

4　念の方向を切り替《か》える

「結局、自分を幸福にしたいのか、したくないのか」を問いかける

ただ、私は、あるところでそれを切り替《か》えたのです。それは、ある霊人《れいじん》からの言葉が転換点《てんかんてん》にあったように思います。

要するに、「結局、おまえは何を欲《ほっ》しているのか」ということを強烈《きょうれつ》に問われたわけです。「自分の罪や悪を責め、自分が至らないということだけを認識するために生きているのか。それとも、おまえはどういう人生を心に描《えが》いているのか。未来を拓《ひら》いていきたいのか、いきたくないのか。人を幸福にしたいのか、したくないのか。自分を幸福にしたいのか、したくないのか。はっきりせよ。それが出発点である」と言われたのです。

そう問われてみると、それほどはっきりと考えたことがなかったのです。

自己憐憫《れんびん》から脱《だっ》し、他の人を愛せる自分を目指す

そして、「いろいろなことに傷つく心」というものを振《ふ》り返ってみると、そこに、自己憐憫《れんびん》に陥《おちい》っていた自分に気づいたわけです。

こういう人はそうとう多いのではないでしょうか。自分の失敗や欠点など、いろいろなことはあるでしょうが、それがいつも頭のなかをグルグルと回り、自己憐憫に浸《ひた》っている人は大勢いるでしょう。この渦《うず》のなかから決して出られずにいるのです。その自己憐憫の習性を愛し、「自分がかわいそう」という気持ちに浸っていれば、そこからは絶対に出られません。その自己憐憫の渦のなか、渦中《かちゅう》にある人は幸福にもなれないし、ましてや、他人《たにん》への愛など出ようはずもありません。もはやそのことで手一杯《ていっぱい》なので、他人への関心もなくなっていくわけです。

そして、「なぜ、自分がこれほど不幸なのか」と思い続けるのですが、不幸に落

とし込《こ》んでいるのは、実は自分自身であるわけです。自分自身に、「かわいそう、かわいそう」という自己憐憫的な気持ちがあるということです。

この「かわいそう」という気持ちがどうなるかというと、潜在意識《せんざいいしき》下で、自分をさらに惨《みじ》めな境遇《きょうぐう》に落としていきます。そして、他人から悪口を言われたり、被害《ひがい》を受けたりするような環境《かんきょう》をつくり出していくわけです。

自虐《じぎゃく》的な気持ちがあれば、必ずそういう環境が出てくるでしょう。実験してみてください。そのとおりです。自己卑下《ひげ》的に生きてみてください。一発で、人からずいぶんからかわれたり、バカにされたりし始めます。とたんにそうなっていきます。本当に、自然自然に呼び込んでくるわけです。

ただ、その責任は決して他人にはありません。自分自身にそういう不幸を愛する傾向《けいこう》があるから、そうなるということです。

「念」の方向を切り替え、不幸を愛する傾向と決別する

これは、一つの「念」です。この「念」の方向が違《ちが》っているので、これを切り替えないかぎり、〝幸福になれない症候群《しょうこうぐん》〟として生きていくしかないということです。

あなたは、今、どういう人生を希望していますか。

これをはっきりしなければいけません。この「念」を確定しないかぎり、逆の方向へ行く人はいくらでもいるのです。

いくら助けようとしても、いくら励《はげ》まそうとしても、下へ向かって進んでいく人は、どうしようもありません。不幸を愛していく人は、救いようがないのです。こういう人は、神も仏も救えないということです。

なぜならば、これは「心の法則」であり、各人が求める方向へどんどん向いていくわけです。そういう方向に出ていくのです。

5　希望実現の法則

①心の底から実現を願う「念《おも》い」を出しているか

・「wish《ウィッシュ》（思い）」と「desire《ディザイア》（念い）」の違《ちが》いを知る

さて、ここで「幸福への希望」ということで述べていきます。

この「幸福への希望」とはどのようなものかを考えてみると、要するに、自分が「こうなりたい」と思うことが、そのようになればよいわけです。しかし、「こうなりたい」と思うものが正当であり、そのとおりになっていけばよいのですが、現実は、なかなかそうはなりません。「こうなりたい」と思ってもならないでしょう。

そのため、こうした希望実現のことは、少し聞いても忘れてしまうのではないかと思います。「あれは、やはり、特別な人だけに当てはまることで、自分には関係がない」と思ってしまうのではないでしょうか。

英語では、「こうなったらいいな」ということを表すときに、「wish《ウィッシュ》」と「desire《ディザイア》」という言葉を使います。「できたら、こうなるといいなあ」「できたら、こうなってほしいな」というものが「wish」です。「desire」は、より切実になります。「こうなってほしい。いや、なってもらわねば困る」というものが「desire」です。

実は、ここが、希望実現における「思い」と「念」を分けるところになるのです。「desire（念《おも》い）」まで行かなければ、希望は実現しないということです。

「wish」で、「こうなったらいいなあ」と思い、そういう波長《はちょう》を出したとします。ところが、三次元的には、それを邪魔《じゃま》するものもいろいろあるので、そういうものにプチッと当たると、方向が変わってしまうわけです。

例えば、ベンツ車が走っていて、岩にぶつかったとします。そのときに、岩も少しは動くでしょうが、ベンツもそのままま っすぐには走れません。さらに岩に当たると、もっと逸《そ》れていきます。

このように、「こうなったらいいな」と思っているのに、障害にぶつかってしまうと、結局、実現しなくなってしまいます。そういうものに二つぐらいポンポンと当たると、もうだいたい諦《あきら》めてしまうのです。これが大多数の人の姿でしょう。

ところが、この思いが「desire」になると、〝戦車〟のようなものになるのです。〝戦車〟が〝岩〟に当たったときには、岩が動かなければ、大砲《たいほう》をバーンと撃《う》ち込《こ》み、吹《ふ》っ飛ばしてでも進むという感じでしょうか。

そのように、念いが〝戦車〟まで行けたら、希望は実現するわけですが、〝ベンツ〟だと、「当たって傷ついたら困る」と思って、余計に行けなくなるかもしれません。要するに、自己イメージと非常に関係があるわけです。

・自分は心の底から「幸福になりたい」と思っているかを考える

ですから、もし「幸福になりたい」と思うなら、「正念《しょうねん》」のところで「自分はどちらのほうか」ということを考えなければいけません。

この段階で、もし、ベンツのようなもので止まっているならば、岩に当たると傷がつくのでまっすぐには進めず、逸れてしまいます。しかし、戦車ぐらいにまでなれば、岩を押《お》しのけていくこともできるし、岩が動かなければ、砲弾《ほうだん》を撃ち込んで飛ばしてしまうこともできます。ここまで行けば、道が開けないわけはないのです。こういう考え方の違《ちが》いがあると思ってください。

つまり、「幸福になりたい」と思っても、表面で思っているだけでは絶対に幸福にはなれないということです。表面だけでそう思っている人はいくらでもいるでしょう。しかし、その心底においては、本当は「〝ベンツ〟だから傷ついたら困る」と思っている人は多いのです。そうすると、当たらないのがいちばんよいことになるので、やはり、当たって傷つかないよう逃《に》げるわけです。「前へ行きたい」と思いつつ、〝ベンツ〟は高価だから傷つくのが嫌《いや》で、逃げてしまいます。

②「プライド」にとらわれる自分との対決

・傷つくことを恐《おそ》れ、問題から逃げてばかりいる自分と向き合う

これはいったい何が傷つくのかといえば、やはり、よく言う「プライド」のところでしょう。「自分は〝高級車〟だ」というプライドです。前には進みたいけれども、傷ついたら大変なことになる。そうすると、「回避《かいひ》」ということを始めます。逃げるわけです。まず、傷つくことを恐《おそ》れる。問題との直面を恐れるのです。そのなかでいちばん簡単なことは回避です。逃げていきます。対決しないわけです。

本当は「欲《ほ》しい」と思いつつ、逃げるのです。こういう傾向《けいこう》の人は、七割程度はいるはずです。もっといるかもしれません。このようなタイプの人は大勢いるでし

ょう。こういった構造が基本的だと思ってください。

・腰《こし》を入れた光明《こうみょう》思想を実践《じっせん》する

では、自《みずか》らの念いを〝戦車〟にまでするには、どうすればよいでしょうか。

一つには、光明《こうみょう》思想です。反省法のなかに光明思想を入れるなら、この「正念」のところに入れるべきだということです。ここに光明思想を撃ち込んでいくわけです。

ただ、にわかに光明思想を実践しようとしても、うまくいかない人はたくさんいます。空回《からまわ》りしてしまうのです。「wish」の段階で終わってしまい、ここまでは行けないのです。「断じて行う」というところまで行けば、行くのですが、たいていの場合、そこまでは行かず、腰砕《こしくだ》けになります。そうすると、信じられなくなっていき、次第《しだい》に、また不幸を愛するようになってしまうわけです。

私は、「実地で光明思想を実現していくためには、腰を入れなければ駄目《だめ》だ」と説いています。腰を入れなければ駄目であり、口先や頭だけで光明思想を思っていても、現実の問題が起きたら、飛んでしまうか、回避してしまうことが多いのです。必ずそうなっていきます。

ですから、本当に実践するのであれば、しっかりと腰を入れて当たっていかないかぎりは駄目です。プライドなど言っているようではできないのです。「実際は、『自分が何を実現したいのか』ということをはっきりしなさい」ということです。やるのであれば、グワンとやらなければいけません。

そこまで行かない場合には、弾《はじ》けるか、回避するかのどちらかになります。そして、もとの〝あばら家《や》〟を愛する人が極《きわ》めて多く出てくるわけです。

③心底から「神の子として、世の中の役に立ちたい」という気持ちが出てくるかどうか

では、どのようにすれば、「desire」のほうの念いが出てくるのでしょうか。こ

こが大事なところです。

心の深いところから、切実に「なぜ、その願いが持てるのか」ということです。なぜ、切実に「そこまでやりたい」という気持ちが起きるのでしょうか。

これは、その人の向かうべき方向や理想というものが、いったいどこにあるのかということと非常に関係があります。「あなたの理想はいったい何か」ということです。

もし、木《こ》の葉が池のなかで漂《ただよ》うような、そういう生き方をしているならば、そこまで行くことはほとんどないでしょう。しかし、激流のごとく押し流していく、撃ち破っていくという気持ちがあるならば、できるでしょう。

ここで、「本当に自己信頼《しんらい》をしているかどうか」「本当に自分を神の子だと思っているかどうか」「自分の核《かく》には金剛石《こんごうせき》の部分、ダイヤモンドの部分があるということを信じているかどうか」ということが試《ため》されるわけです。「結局、自分は駄目な人間だ」などと思う人には、「正念」による自己実現は絶対にできないのです。

「自分は大いなるものとして、世の中の役に立っていきたい」という気持ちが、本当に心の底から出てくるかどうかです。

そういうものが出てこない人は、どちらかというと、周りから与《あた》えられる人生を生きてきたはずです。よく振《ふ》り返ってみてください。そういう人は、ほかの人から施《ほどこ》しを受けて生きてきたはずです。親切をしてもらって、それでも「まだ足りない」と不満を言い、不平を言い、愚痴《ぐち》を言うような人生を生きてきたのではないでしょうか。これは、もらっていることのほうが多い人です。

ただ、本当は、心の底から「人々を愛したい」「人々に与えたい」という気持ちが出てこなければ嘘《うそ》です。そこまで行かなければ嘘なのです。そのときに初めて、力強い人生を生きていくことができるでしょう。

④「念」によって他の人を縛《しば》ろうとしてはならない

さらに、この自己実現においては、単に戦車のようになればよいというものではありません。ここにはもう一つ、「方向性」という問題もあります。念の世界というのは実現性があるため、間違った方向の念いであっても、確かに実現してしまうのです。したがって、方向性というものが極めて大事になります。

ここで、「念」による自己実現をするときに、どうしても考えてほしいことがあります。

それは、絶対に、「念」によって他人《たにん》を縛《しば》ろうとしてはいけないということです。自分の道を開くために、他人の人生を自分に都合《つごう》のよいようにねじ曲げようという考えは、絶対に起こしてはいけません。これは間違いです。

自分なりに目標を設定し、「これを実現するためには、あの人がこうならないかぎり駄目だ」というように考えた自己実現では駄目だということです。ここを間違えてはいけません。これでは「念」が「害」になってしまうのです。

こういうタイプの自己実現は、間違えば地獄《じごく》です。間違わなかった場合でも、裏側の世界です。そのどちらかです。これははっきりしています。その自己実現の結果、他人を不幸にしていけば地獄に行きます。そこまで行かなかったとしても、「他人を自分の都合のよいように変えていこう」とするような念の使い方で道を開いてきた人は、必ず裏側に行きます。

それはなぜでしょうか。そこに愛がないからです。愛が欠けているのです。これは「自己愛」なのです。本当の「与える愛」や「利他《りた》の愛」ではないのです。その結果、称賛《しょうさん》を得ることもあるでしょうが、それは天狗《てんぐ》や仙人《せんにん》の世界なのです。こういうところで「表」と「裏」が分かれるわけです。

表側の世界は、本当に他の人によかれと思って自己実現していく人々の集まりですが、裏側のほうは、自己発揮に燃えている人たちの世界なのです。その結果、いろいろな〝超念力《ちょうねんりき》の世界〟に入っていきます。これは、「限りなき自己愛」です。ここを間違わないでください。

6 正念《しょうねん》の実践《じっせん》

目標達成に向けて「手段・方法・時期」の問題を考える

では、一定の目標を達成するためにはどうすればよいのでしょうか。

例えば、取引先と新たな商売を始めようとしたときに、向こうの担当の課長はオッケーと言ってくれているし、どうやら、その上司も悪くは思っていないようだけれども、どうしても、そこの部長が〝ガン〟になっているとします。そこで、「これをどうにかしなければならない」と、とにかく、その人を強引《ごういん》にでも説得しようとしたり、あるいは、「それができなければ左遷《させん》されてくれ」というような思いでやったりした場合は、やはり違《ちが》っているわけです。

このようなときに、人間として考えるべきことは、どういうことでしょうか。

実は、ここが「正念《しょうねん》」のいちばん大事なところなのです。目的というのは、それが非常にはっきりと固まっていったときに、「手段・方法・時期」の三つの部分が極《きわ》めて難しくなるのです。

もちろん、手段も方法も時期も限定して断行し、そして成功する人はいます。しかし、そういう人は、ある程度の実力がある人でしょう。過去に成功体験があって、平均打率として八割九割は打ってきたような自信のある人は、そういうこともできるかもしれませんが、〝へっぴり腰《ごし》〟でこれをした場合には、たいてい失敗します。

そこで、この「手段・方法・時期」の問題が出てくるわけです。『漏尽通力《ろじんつうりき》』（前《ぜん》掲《けい》）でも、このあたりのことについてはかなり詳《くわ》しく語っていますが、これは、実は、霊的《れいてき》自己実現のいちばん核《かく》に当たるところなのです。

霊的自己実現の具体例——希望どおりの住まいを見つけた体験

あまり抽象《ちゅうしょう》的な話をしても分かりにくいかもしれないので、もう少し具体的に希望実現の実例について述べていきます。

私は、宗教家としてさまざまな分野について読書をし、勉強しているので、ある程度、本を置く場所がないと困るのです。そのため、幸福の科学を始めたころから、家が非常に手狭《てぜま》に感じていました。

一九八八年の八月ごろだったでしょうか。ある霊人《れいじん》が「君はしっかり働いているから、必ず大きな家に移してあげる」と言ってくれました。

その翌月ごろには、だいたい希望していたような大きさの家が見つかりました。それは、庭付きのかなり大きな家で、仕事にも都合《つごう》のよい場所にあったため、「これはいい」と小躍《こおど》りしたのです。

ところが、話がある程度進んだ段階で、相手側から「困る」と言ってきたのです。なぜ困るかということについてははっきりとは言わないのですが、「調査した結果、どうやら、何だか恐《おそ》ろしそうな団体の主宰者《しゅさいしゃ》ではないか」ということが原因のようでした。それなら、やむをえません。こういうことで強引に押《お》し込《こ》んで取り上げてもしかたがないし、天上界《てんじょうかい》のほうで家を探してくれても、地上の人の自由意志もあるので、「どうも、そういう団体は恐ろしそうだ」と思われたらそれまでです。ですから、私はあっさりと、「ああ、そうですか。また次が出るでしょう」と思い直したわけです。

そうすると、さらに翌月ごろになると、次の候補が一軒《けん》出てきました。今度は、以前紹介《しょうかい》されたものよりも、場所的によい所が出てきたのです。

私は、夜に考え事をしたり、瞑想《めいそう》をしたりするので、風景がよい所が好きなのですが、その家は大きな公園の近所だったのです。それで、内見に行ったときに、「これはいい」と思ったわけです。

そこは、二棟《むね》続きの家でした。おそらく、一棟丸ごとでは広すぎて借り手がないと思ったのでしょう。真ん中を仕切って二軒で貸すつもりでいたようなのです。裏には、木が生《は》えている庭がありましたし、近くには大きな公園があったので、「これは実によい」と喜び勇《いさ》んで話を進めていきました。

しかし、家主が大変で、某《ぼう》国立大学の応用物理か何かの教授で、いわゆる唯物論《ゆいぶつろん》の最先端《さいせんたん》を行っている人だったのです。そして、面談とやらを受け、多少、話はしたのですが、向こうは理学博士で、霊など少しも信じていない人だったので、どうも、つれない反応で、色よくなかったのです。ですから、「ああ、やはり、これは駄目《だめ》だな」と思っていたのです。

しかし、翌月の半《なか》ばごろになると、さらに次の候補が出てきたのです。

私は、その二、三日前にダイヤモンドがたくさん付いている三角形の家の夢を見たのですが、その後、また話が来たわけです。

それは、ガラス張りに近いような家で、今までのなかではいちばんよかったのです。大きいし、庭もあるし、公園も近いし、そして、何より家賃が安かったので、驚《おどろ》きました。おそらく、今まで見たところの半額ぐらいの家賃だったのです。

そして、家のなかには蔵書が一万五千冊程度置けるぐらいのつくり付けの本棚《ほんだな》をだいぶつくりましたが（約三十年前当時）、これもだいたい私の希望どおりになりました。

この期間が約二カ月です。九月から探し始めて十一月に決まったので、二カ月ほどズレました。

その家を契約《けいやく》したあと、一カ月ほどたってから、先ほどの某国立大学の教授が「借りてくれ！」と言ってきたのです。「いろいろと調査した結果、実に本がよく売れているようなので、それなら貸してみたくなった」と言うのですが、「よく言うなあ。もう遅《おそ》いよ」と思いました。向こうは商売気《け》を出して、「家賃をグッと安くするから、借りてくれ」と言ってきたわけですが、後《あと》の祭りです。

実際に借りた所のほうが値段も安いし、広いし、大きかったのです。二棟続きの家を借りたら、片方を書庫にしようと考えていたのですが、それでは不便だったと思いますし、あとから見つけた家のほうがもっと便利になりました。まことに不思議ですが、こういうこともあるのです。

某大学の教授は、「しまった、しまった。失礼した」などと言っていたのですが、私はそのようになると思っていました。

私が教授と会ったときに、「この人は『毎日新聞』を取っている」と霊感で分かったのです。そして、十二月には「毎日新聞」に私の本の「百二十万部突破《とっぱ》！」という広告が五段抜《ぬ》きで四本出たので、「それを見たら、『貸す』と言うだろうな」と思っていました。

これは、十一月に出すはずだった広告が一カ月ほど遅《おく》れたのです。この広告が十一月に出ていたら、本当は、私はその家を借りられたのです。しかし、編集部の手落ちで一カ月も遅れたので借りられなかったわけです。こういうこともあります。

結果的には、その次にもっとよい所に移れたので、それは借りなくてよかったということです。

現在は、教団施設《しせつ》として『大悟館《たいごかん》』その他の教祖殿《きょうそでん》が建設されている。

7　「待ちの間」の蓄積《ちくせき》

自己実現に当たり、念《おも》いを神のほうにしっかりと向ける

先ほどの家の例は、霊的《れいてき》自己実現ということを非常に明確に示しています。

まず最初に、理念として、「こういうものが与《あた》えられる」ということが降りてきます。そして、それが地上に落ちてくる過程で、だんだんに具体化していきます。溶岩《ようがん》のように流動化して流れていたものが、固まってき始めるのです。

その際に、岩のようなものが現れてきます。これは地上の人間の、いわゆる評判の悪い「自由意志」というものです。これによって邪魔《じゃま》が入り、そして、溶岩の流れが変わることもあります。

それでも、結果的には固まっていくわけですが、最初の理念が、そのとおりか、

あるいは何らかの違《ちが》ったかたちになって固まっていくことになるのです。

そして、その人の念《おも》いが神のほうにしっかりと向いていれば、もっとよいかたちで出てきます。念いが足りなければ、多少悪いぐらいで出てくるかもしれません。

こういうものです。

神と一体となり、時間の限定をせずに努力していく

先ほど述べた三軒《げん》の家の話についても、もし、私が自分の計《はか》らい心で、「最初の所が絶対にいい。絶対にここを手に入れる」と一点集中して思っていたら、どうなったでしょうか。相手が、「どうやら、宗教らしいので怖《こわ》い」と言っているのを、「いや、宗教じゃない。科学だ、科学だ」と言って一生懸命《いっしょうけんめい》に説得し、「家賃を十万円高くするから貸してくれ」などと交渉《こうしょう》までして、ごり押《お》ししていたら、どうだったでしょうか。その段階では、あとに出てくる物件のことは分からないので、そう願ったかもしれません。しかし、私は、「また次が出るだろう」と一瞬《いっしゅん》で切り替《か》え

てしまいました。

結果は、前述のとおりです。この間《かん》のズレが、せいぜい二カ月でした。

このように、「時間」のところについては、あまり限定できないところがどうしてもあります。地上の時間の流れとは、多少違うわけです。また、具体的な背景も若干《じゃっかん》変わることもあります。

しかし、自分が本当に強く願っていて、それが神様と一体になっている場合には、必ずよい結果が現れてきます。ここの絆《きずな》が大事です。

自己実現の一つの例として述べましたが、やはり、腰《こし》を入れて、「必ずよいほうになるだろう」「必ず道は開けるだろう」と思いながら、その間、時間の限定を外し、退却《たいきゃく》はせず、前進をしていく。その間に自分としての努力をしておくと、必ず道がついていきます。

最初のところでつまずいてギクシャクしてしまってはいけないのです。そこでオタオタするようでは、本当の意味での自己実現など、絶対にできません。腰を入れて落ち着くわけです。そして、「必ずそうなる！」と思って待っていれば、そうなっていくわけです。

腰を落ち着けて「基礎《きそ》知識」と「経験」を蓄《たくわ》える

これは、幸福の科学の発足《ほっそく》自体についても同じようなことが言えるでしょう。私はその間、五年、六年待ちました。発足までにそれだけの時間がかかった分、遅《おく》れたようにも見えますが、私自身のいろいろな勉強や経験の期間が必要だったということです。

ただ、そのような間は、「道は示されているのに、どうしてできないのか」ということで、非常にイライラしたり、焦《あせ》ったりするものです。レールは敷《し》かれているものの、まだ新幹線の速度では走れず、鈍行《どんこう》で走っているようなつらさがあるわけです。「必ず前へ進んでいく」というのは分かっていても、つらいものです。

しかし、ここが、この「正念《しょうねん》」における、いちばんの「正念場」なのです。ここがこらえどころであり、腰を落ち着けてじっくりと前進していく、蓄《たくわ》えをしていくという姿勢が大事ではないかと思います。

その間の蓄積《ちくせき》をもとにいろいろな構想を立てていくと、もっと早くなっていき、取り返しができるようになっていきます。

やはり、基礎《きそ》というのは非常に大事です。物事の判断でも何でもそうですが、「基礎知識」と「経験」がなければ、なかなか見えてこないところが多いのです。反対に、そういう材料があれば、非常に素晴《すば》らしい展開となっていくことになります。

自己否定的な思いを止《と》め、「明るい心」を持てば道は開ける

以上、「正念」について大まかなところを述べましたが、これが、まさしく、人間の幸・不幸を分けるところになると言えます。

したがって、繰《く》り返し出てくる自分の思いのなかに、「自己否定的なものがない

か」「自己処罰《しょばつ》的なものがないか」「他人《たにん》を悪人視するような見方がないか」「他人を害したい気持ちがないか」というようなことを、まずチェックしてください。

「明るい心」を持っていなければ、絶対に道は開けないのです。「自分は駄目《だめ》な人間だ」「自分は本当に頭が悪い」「自分は過去に悪いことばかりしてきた」「自分は本当に失敗ばかりする」「自分は見てくれも悪い。頭も悪い。何もかも悪い。もうどうしようもない」などと思っているのであれば、幸福になどなるはずもありません。やはり、そういう思いは止《と》めて、もっと明るいものを入れていくべきです。「自分も神様に愛されているんだ。これほど幸福の科学で勉強しているのに、不幸になるはずがない。もうちょっとの辛抱《しんぼう》だ。頑張《がんば》ってみよう」と思うことができれば、必ず、道は開けていくわけです。ここの頑張りどころが大事です。

心のなかに入っているもの、詰《つ》まっているものを、「明るい心」に入れ替えていかなければなりません。

また、他人を憎《にく》んで幸福になることは、絶対にありません。他人を憎んだり、悔《くや》しく思ったり、妬《ねた》んだり、嫉《そね》んだりして、幸福になることは絶対にないので、これは努力して捨てることです。

8　忘れることの大切さ

「忘れる」という技法を大切にする

ここで、一つ大事なことを述べておきます。

それは、真の意味で「正念《しょうねん》」ができるようになるためには、「忘れる」ということも大切な技法であるということです。これは大事なことなのです。

さまざまな思いにとらわれ、その思いに縛《しば》られるということは、実は自己実現を妨《さまた》げているわけです。

したがって、「忘れる」という技法を大切にしてください。これも大切な「徳」の一つです。

「忘れる」ということは、嫌《いや》なことを忘れ、都合《つごう》のよいことだけを覚えておくというわけではありませんが、例えば、他人《たにん》が自分を害したような言葉等を忘れるのも、「愛の行為《こうい》」の一つだということです。

反省のあとには自分を許し、「心の切り替《か》え」を早くする

さらに、自分自身を許してやることも大事です。

過去の思いや行いについて反省はできます。しかし、それを打ち消すことはできません。すでにしてしまったことを消してしまうことはできないのです。そのときに、自分ができるだけの償《つぐな》いの思いを出し、行為をしたと思うなら、その自分をも許してやることです。そうしたことも大事です。

こういうときにはどうすればよいかというと、自分がさらに素晴《すば》らしい生き方をすることによって償っていくことです。過去の事実、過去に掘《ほ》ってしまった穴を埋《う》めることばかりを考えるのではなく、ある程度、やるべきことをしたら、その後は素晴らしい人生を展開することによって、その部分を十分に償わせていただく方向

で生きることです。

この「忘れる」ということを十分に使えなかった人は、「正念」において失敗をするでしょう。

これは、別の言葉で言えば、「心の切り替《か》えの早さ」ということでもあります。心の切り替えが遅《おそ》い人は、不幸を引きずることになります。いったん起きてしまった事実、取り返しがつかない事実であるならば、これから素晴らしい実績を出していくことで、お返しすることは可能なはずです。よい行為、善行《ぜんこう》というものは、必ず、いろいろな人のところへ回り回っていきます。過去の行為を取り消すことができないならば、これからその五倍十倍のものを返していくことです。それによって埋まっていくことでしょう。

したがって、この「忘れる」という方法も覚えてください。

過去の不幸を忘れられない人には「忘れることの美徳」を教える

特に、女性は忘れることのできない人が多いので、このことには注意してください。

勉強のほうで記憶力《きおくりょく》がよければいいのですけれども、勉強のほうは駄目《だめ》でも、感情のほうだけはやたらと記憶力がよいことがあるのです。こういうのは困ります。これは不幸のもとです。「あのとき、あなたはこういう愛の言葉を言ってくれたのに、今はそうではない。だから、おかしい」というような論理です。

「あのとき、確かに、こうプロポーズした」「あのとき、あなたは『日本一の妻だ』と言った」「あなたは料理がうまいと言ってくれた。でも、今は下手《へた》だと言っている」と妻が言う場合もあるでしょう。あるいは、「あなたは最悪だ」「これは人間として許しがたい罪だ」など、妻から言われている夫はそうとういるでしょう。

これは、その選択《せんたく》的記憶が逆の方向へ、本当に不幸になる方向へ行っているということです。

ですから、〝非常に記憶力がよい人〟に困っている場合は、忘れることの大切さを教えることです。「忘れるということは、偉大《いだい》な人物になるための必須《ひっす》条件だ」と教えていくのです。そうすれば、「以前にこういうことを言ってほめてくれた」などということも言わなくなり、毎日、機嫌《きげん》よく生きていけるようになるでしょう。

特に、記憶力のよい女性を妻に持った夫であれば、忘れる努力をさせないと、後々《のちのち》まで恨《うら》みを持たれることがあります。

「忘れることは大変な美徳である」と教えることは、重要なことだと思います。そのように影響《えいきょう》することはできるということです。

やはり、これが不幸の原因の一つでもあるのです。あまりに不幸を生み出す方向に選択的な記憶力がよすぎるとよくないので、忘れることです。女性のなかには、長く思い続け、思い詰《つ》めていくところがある人も多いので、ポンポンと忘れていくことです。

また、夫の努力としては「光明思想《こうみょうしそう》」を持つことです。過去を忘れさせ、「来年はきっといいよ」などと言って、やはり「未来への希望」へと持っていくことです。そうすれば、家庭も円満になっていくのではないでしょうか。

以上、「正念」について述べました。

なお、仏教の伝統的な考え方のなかには、「正念」を「正しい記憶」という意味にとって、仏陀《ぶっだ》の教えを正確に憶《おぼ》えているか、を問う場合もある。次章の「正定《しょうじょう》」につなげていく上では、有効な修行《しゅぎょう》にもなりえる。

第9章

正定《しょうじょう》

一九八九年一月二十八日　説法《せっぽう》
東京都・幸福の科学研修ホールにて

1 心の平静は幸福への第一歩

「正定《しょうじょう》」に入ります。正定には極《きわ》めて難しい部分があります。というのは、この世界においては、「方法論的確立」と「その結果・効果についての確認」ということが十分にできていないからです。「どのように定《じょう》に入《い》ったら、どのようになるのか」という部分が、各人の経験に任されてしまっていて、十分に追跡《ついせき》調査ができないからです。その意味で、極めて難しい面があると思います。

そして、「なぜ、正しく定に入るという項目《こうもく》があるのか」ということですが、それについて話をしていきたいと思います。

すると、結局、これも一つの「幸福のための技法」であると思えるのです。人間を不幸にする問題の一つは、「心が波立つこと」です。「苛立《いらだ》ち」、そして、「不安定」です。

「心の安定」ということは、思いのほか大事なことです。心が波立っていて、あるいは〝心に渦《うず》をつくって〟いて、幸福な人はいません。不幸なのです。

ですから、「今、あなたの心はどうなっていますか」と問われて、非常に透明感《とうめいかん》があり、落ち着きがあるならば、少なくとも、「幸福への第一歩」は踏《ふ》み出しているわけです。ところが、心境が上がったり下がったり、考えがあちらへ行ったり、こちらへ行ったり、揺《ゆ》れに揺れて夜も眠《ねむ》れない状況《じょうきょう》であれば、残念ながら、不幸といわれる現象になっているのです。

では、「水のように波立っている心を治めていく、静めていく方法として、どういう方法があるか」ということですが、これについては、以前、「心の針」の話をしたことがあります。

人間の心は、ある意味で、時計の針のようなものです。そして、心が乱れているというのは、針が、振《ふ》り子のように、下のほうを揺れて動いているということです。

これを、メトロノームのように、上のほうをゆっくりと動くようにしてやる必要があるのです。

そのために、どうするか。今までは、主として、心の内の問題、思いの問題といった中身の問題について述べてきたわけですけれども、外側からも入っていこうとするのが、この「正定」なのです。つまり、技法によって、一定の心境を取り戻《もど》そうとするわけです。

2　反省は呼吸法から

呼吸を整えることで、心が平らかになり、光が入ってくる

具体的に言えば、まず「呼吸」から入るのが普通《ふつう》です。呼吸を整えることによって、心の波立ち、苛立《いらだ》ちが収まってくるのです。

これは、悪霊《あくれい》の対策としてもまったく同じことが言えます。「悪霊が来たときに、どうしたらよいか」ということですが、よく効くのが「呼吸法」です。大きく空気を吸い込《こ》み、呼吸をしばらく続けると、心の苛立ちがなくなり、心が平らかになっていきます。また、呼吸をしているうちに、光が入ってきます。こういう不思議な現象が出てくるのです。

「怒《いか》る前に呼吸をする」という話もあります。カーッと怒る前に一呼吸すると、

怒りが収まってしまいます。そうではないでしょうか。手を振《ふ》り上げたときに、「はい、深呼吸」と言われて深呼吸をしたら、やはり怒りが出なくなります。こういう不思議な現象があり、これも一つの慈悲《じひ》と考える必要があります。呼吸によって心を整える方法が与《あた》えられているのです。

そして、この呼吸には、単に心を整えるというだけではなく、もっと積極的な意味合いがあります。それは、「呼吸によって心を整えることが、天上界《てんじょうかい》へと心の針を向けていくための、一つの誘導《ゆうどう》、誘因になっている」ということです。

考えがまとまらないときは、呼吸を下まで下ろしてみる

みなさんのなかには、反省ができない人、考えがまとまらない人もいるでしょうが、そうした人は、おそらく呼吸が喉《のど》から肺のあたりで出たり入ったりしているだろうと思います。これをスーッとお腹《なか》のほうまで下ろしてくることによって、いろいろなことを考えられるようになるのです。

ですから、反省ができないときは、呼吸をグーッと下まで下ろしてみることです。息を深く吸い込み、そういうことを繰《く》り返していくと、雑念がポロッと取れていきます。

反省ができないときは、もちろん、頭に悪霊が憑《つ》いている場合もありますが、悪霊でなくても、一日中、いろいろなことで頭が回っているときには、頭の周りに、泡《あわ》のようにプチプチと雑念が出ています。これが薄《うす》い膜《まく》のようなものをつくっているので、これを取らないと駄目《だめ》なのです。頭の周りからブクブクと出ているので、これを取る必要があります。そのために、呼吸法は非常に有効な方法の一つなのです。

呼吸をすることによって、血液の循環《じゅんかん》への影響《えいきょう》があり、酸素量が増えます。肉体的に言えば、酸素の摂取量《せっしゅりょう》が増えることによって、体が活性化し、頭がしっかりしてくるのです。また、新鮮《しんせん》な空気を吸うことによって、同じく頭がしっかりすることもあります。外的条件ではありますが、そういうものを整える必要があるのです。

3　天上界《てんじょうかい》の光を受ける

呼吸法による精神統一の深さは、実は、「どの次元まで意識を通じさせるか」ということと極《きわ》めて関係があります。

そして、精神統一の上手な人は、ごく短時間の呼吸法によって、心の統一を果たしていきます。目に見えて落ち着いてくるのです。かなり瞑想《めいそう》上手になってくると、二《ふた》呼吸か三《み》呼吸ぐらいで完全に雑念を切れるようになっていきます。できれば、こういうことを目指していただきたいと思います。

ただ、呼吸法だけでは、精神の統一ができない場合もあります。それは、肉体疲《ひ》労《ろう》が極端《きょくたん》な場合です。極端に肉体疲労をしている場合は、呼吸法だけでは駄目《だめ》になってきます。ある程度の肉体疲労であれば、呼吸をしているうちにだんだんとしっかりしてきますが、極度の肉体疲労の場合には、やや無理になってきます。そういうときには、とりあえず、体を休める必要があります。まず体を休め、そのあとで呼吸法によって精神の統一を図《はか》っていくのがよいのです。

「精神統一をした結果はどうなるか」ということですが、「天上界《てんじょうかい》からの光を受けられるようになる」ということです。これははっきりしています。心が統一されたとき、光が入るのです。この光を受けることによってどうなるかというと、その人自身の人格がカッと明るくなります。

みなさんは、青ざめた顔をしている人や、不健康そうな顔をしている人と話をしているうちに、その人の顔がポッと赤くなるのを見たことがないでしょうか。私はたびたびそういうことを経験していますが、その瞬間《しゅんかん》に光がパーンと入っているのです。心のなかの悩《なや》み事が解け、心が明るい方向に向いて、苛立《いらだ》ちや波立ちが止まったのです。そして、守護霊《しゅごれい》などが合図を送ってきているのです。そういうときには、パッと顔が明るくなります。「ルンルン気分」と言ったら言いすぎでしょうが、そういう気分に近づいていきます。

4　神仏と一体になる

正定《しょうじょう》とは、限りなく神仏と一体になろうとする行為《こうい》

次に、「正定《しょうじょう》」の具体的方法に入っていきたいと思います。「幸福の科学の信者として、具体的にどうすればよいのか。どうすれば、正定に入《い》れるのか」ということです。

まず、心構えとして言っておきたいことは、「これは、限りなく神仏と一体になろうとする行為《こうい》なのだ」ということです。よいですか。

「正定とは、自分独《ひと》りが孤立《こりつ》される世界を目指すのではない。正定とは、限りなく神仏と一体の境地を目指すことである。限りなく神仏と一体の境地を目指すということは、実は如来《にょらい》の境地を目指しているのだ」ということです。これが、正定の

目標としてあるものなのです。

坐《すわ》り方や手の合わせ方は、精神統一がしやすいスタイルで

では、「神仏と一体になる」ということを念頭に置いて、具体的にはどうすればよいのでしょうか。

私は、坐《すわ》り方とか、手の合わせ方とかについてあまり難しいことは言いたくありません。というのは、かたちをあまりに重視すると、そちらのほうにとらわれてしまい、中身のほうがおろそかになってくるからです。問題はやはり心の問題であり、かたちはその支えにしかすぎないのです。補助にしかすぎないので、その人にとって取りにくいような姿勢やスタイルを要求して、そのことばかりが気になってしまっては、元《もと》も子もないわけです。

ですから、人によって多少の違《ちが》いはあるでしょうが、背筋《せすじ》を伸《の》ばすことぐらいだけは言っておきたいと思います。

あとは、呼吸がスーッと落ちてくるような姿勢です。息を吸い込《こ》めば、呼吸がスーッとごく楽にお腹《なか》に下りてきて、また自然に出ていくような姿勢です。

脚《あし》のほうは、正座でもよいのですが、長くもたないのであれば、あぐらをかいてもよいし、女性は、横に脚を出しても結構です。

ただ、「猫背《ねこぜ》のような格好をつくると、精神統一は非常にしにくい」ということだけは言っておきたいと思います。

手のかたちについては、幾通《いくとお》りも流派があり、それぞれ意味があります。ただ、いちばんポピュラーなのは、やはり合掌《がっしょう》のスタイルです。合掌のスタイルというのは、アンテナのかたちでもありますが、霊《れい》が非常に感応してきやすいスタイルなのです。というのは、手からも、かなり霊的な光が出ているのです。手は、霊的な光が非常に出てくるところで、「手当て」と言って、手を当てて病気を治したりしますけれども、特に右手のほうが強く、霊流《れいりゅう》が出るところがあるのです。手は、霊的な電気がいつも出ているところなのです。

したがって、合掌をすることによって、ここに一つの「磁場《じば》」ができます。合掌をして指先を上に向けることによって、放送電波を出していることと同じになるのです。これによって一つの誘《さそ》い水が出てくるので、この誘い水に感応してくるわけです。これが最もポピュラーなスタイルです。

手の位置はどうするか。これも流派によって違います。口のところまで上げるところもありますが、その難点は、長持ちしないことです。あまり長続きしないという難点があるので、私はやはり、胸の前で十分だろうと思います。

これは、交霊《こうれい》、霊との交流を中心とするやり方ですが、単なる反省だけであるならば、手を上げているということだけでも少し難点があると思います。やはり、手が上がっているということに意識が行ってしまうので、十分に考えが進まないのです。

そういう場合には、これ以外の方法として、合掌を解いていただいても結構です。合掌を解き、「膝《ひざ》の上に軽く置く」というかたちでもよいでしょう。ヨガをやっている人のなかには、手のひらを上にする人もいますが、普通《ふつう》の人は上にするとポケーッとして頭が抜《ぬ》けてしまうので、下にしても結構です。あまり無理をしないかたちでよいと思います。

結局は、「自分が精神の統一をしやすいスタイルをつくる」ということです。本当はかたちはないのです。寝《ね》ていても、本当は大丈夫《だいじょうぶ》です。逆立《さかだ》ちしていても、本当は大丈夫です。お風呂《ふろ》のなかでも、本当は大丈夫なのです。ただ、やはり外見を整えないと、なかなかそういう気持ちになれないので、そうした仕切りをつくるわけです。「日常性から遊離《ゆうり》した」という仕切りをつくるために、そういう方法を取るわけです。

5　幸福の科学としての正定《しょうじょう》の方法

最初に『正心法語《しょうしんほうご》』を読誦《どくじゅ》してから、精神統一に入る

そこで、幸福の科学としての「正定《しょうじょう》」の具体的方法ですが、まず心の波長《はちょう》を整える必要があるので、深い深呼吸をし、そのあとで、できれば『正心法語《しょうしんほうご》』の読誦《どくじゅ》をしてほしいと思います。これは十分《じっぷん》ぐらいあれば十分《じゅうぶん》でしょう。そして、反省をするのならば、そのあと、反省に入っていきます。本書で具体的に述べた、八正道《はっしょうどう》についての反省に入っていくのです。

また、祈《いの》りをする場合には、『祈願文《きがんもん》』あるいは『エル・カンターレへの祈り』を使って、祈りに入っていくとよいと思います。

時間の取り方は、もちろん人によって違《ちが》うでしょう。あまりに長時間では、逆に

また効果も薄《うす》くなってしまいます。一回限りになってしまってはいけないので、時間はその人のスケジュールに合わせて決めればよいのです。極《きわ》めて忙《いそが》しい人であれば、多くの時間を取ることは難しいでしょうから、習慣として無理なく続けられるぐらいの時間帯にするとよいと思います。十五分から三十分でも結構です。一日に一回ぐらい、そういう瞬間《しゅんかん》が取れたらよいということです。

仏陀《ぶっだ》の生命体の言葉である『正心法語』は、光の波動《はどう》が非常に強い

最初に『正心法語』を読誦するということを述べましたが、なぜかというと、『正心法語』は言魂《ことだま》でできているため、光の波動《はどう》が非常に強いからです。『正心法語』のなかの言葉すべてがそうです。同じ日本語ですが、言葉の響《ひび》きと配列によって、光のリズムが出てくるのです。ちょうど和音のようなもので、言葉の配列によって、一定の信号になり、天上界《てんじょうかい》への合図が出ているのです。『正心法語』を読んでいる人を霊視《れいし》すると、口から光の玉が出ていっている姿が明らかに視《み》えます。

このような『正心法語』を読むことによって、「ある程度の悪霊《あくれい》などを遠ざける」という効果がありますし、「邪念《じゃねん》・雑念を取り払《はら》う」という効果もあります。そして、そうしたものを取っておいてから精神統一をしたほうが、やはり、よいのです。悪霊などが憑《つ》いたままで精神統一に入ると、危険です。非常に危険な面があります。とりあえず、習慣としては、『正心法語』を読んでから精神統一に入るようにするとよいでしょう。

『正心法語』は、ご存じと思いますが、仏陀《ぶっだ》の生命体の言葉です。ですから、『正心法語』を読むことによって、幸福の科学の中心的な光を引いてくることになり、力が出てくるのです。幸福の科学にはいろいろな教えがありますが、中心にあるのは、やはり仏教的精神です。それが根本《こんぽん》にあるので、『正心法語』を読むことによって、そこに光の回路ができてくるのです。そういう意味合いがあります。

反省の項目《こうもく》はあまり欲張らず、一つひとつ片付けていく

反省の項目《こうもく》や内容は、あまり欲張らずに一つひとつ片付けていくことです。「正《しょう》語《ご》」なら「正語」、「正見《しょうけん》」なら「正見」、そして、事柄《ことがら》を限っていくことです。すなわち、とりあえず、自分がいちばん悩《なや》んだ時期などに光を当てて反省していくことです。これが大事です。

欲張りすぎて、結局、何もやらないよりは、少しずつでも、やったほうがはるかによいのです。

非常に体調が悪いとき等は、精神統一ではなく、真理の学習を

ただ、『正心法語』から精神統一に入るという話をしましたが、非常に体調の悪い人、明らかに霊障《れいしょう》になっていると思われる人、妄想《もうそう》が湧《わ》いて湧いて霊が働きかけてしようがないようなタイプの人は少し危険です。こうしたタイプの人に勧《すす》められ

るのは、精神統一ではなく、『正心法語』や法話《ほうわ》の音声ＣＤを聴《き》いたり、ＤＶＤを観《み》たり、仏法真理《ぶっぽうしんり》の本を読んだりするような仕事です。こうしたことのほうに力を割《さ》いていただきたいと思います。もう少し状態がよくなってから、精神統一をしてほしいのです。

霊現象がたくさん起きてき始めた場合には、いったん精神統一はストップしてください。霊現象を喜んではいけません。自分の心の状況《じょうきょう》を見て、「そんなによい状況かどうか」を点検し、そんなによくもないのに霊現象が起きているなら、ストップしたほうがよいと思います。勇気を持ってストップしてください。

以上が、正定の方法です。

第10章

総論

―八正道《はっしょうどう》の現代的意義―

一九八九年一月二十八日　説法《せっぽう》

東京都・幸福の科学研修ホールにて

何のための「真説《しんせつ》・八正道《はっしょうどう》」なのか

最後に、総論として、反省法全体を通しての締《し》めくくりをしておきたいと思います。

「何のための『真説《しんせつ》・八正道《はっしょうどう》』なのか。いったい何のために、この『真説・八正道』はあるのか」ということです。それを三点、挙げておきたいと思います。

①八正道の現代社会への適応

「真説・八正道」の意義の第一点は、釈尊《しゃくそん》が説いた「八正道」は、二千数百年の歳月《さいげつ》のなかに埋《う》もれてしまって、現在、その正しい精神が伝わっていないということです。仏教学者によってさまざまに解釈《かいしゃく》されたに止《と》まっていて、「いったい、どのように八正道を使えばよいのか」「その真意がどこにあったのか」ということが分からないままになっていたのです。

それゆえに、今、この「人類の秘宝《ひほう》」とも言える八正道を、現代の社会に適応させるかたちで、また、実用性を加えるかたちで説いたということです。八正道は、決して、みなさんが使えない内容ではないはずです。それを明らかに説いたところに、「真説・八正道」の第一の意義があります。

②修行《しゅぎょう》目標としての八正道

「真説・八正道」の意義の第二点は、みなさんに明確な「修行《しゅぎょう》の目標」を与《あた》えたということです。

「悟《さと》り」という言葉のニュアンス、および、解釈は各人違《ちが》っているかもしれませんが、この「悟り」というものに関しては限界がありません。「これで悟った」ということはないのです。「悟りの入り口に立つ」ということ、また、「悟りを、ある程度、維持する」ということはあっても、悟ったかどうかは、あの世に還ってみないことには分かりません。生きている間中、修行は続くのです。

したがって、「自分はもう十分だ」と思ったときに、それが転落の始まりとなります。心境がある程度のレベルまで来ても、その後はさまざまです。さらに向上していく人、現状維持で止まる人、心境が下がってくる人など、さまざまな人がいます。その人の一年というものを取り出して輪切りにすると、やはり、進んだところ、後退したところがあるのです。

そういう意味では、現時点において、ある程度の心境に達している人も、「一カ月後にその心境にいる」ということを意味しないし、一年後は、なおさら測りがたいものです。

そのために、幸福の科学でも、試験制度などによって、ある程度「悟り」を測っていますが、これを決して誤解してはなりません。〝その時点においての実力と心境〟はあるかもしれませんが、それは条件が変わってきたときに、明らかに違ってくるのです。

その人に、いろいろな事件が起きてくるでしょう。いろいろな人生模様が展開してくるでしょう。そのときに、まったく同じ状態でいられるかどうかは、まだまだ、これからの修行の問題です。そのつど、そのつど、そうした事件や出来事を乗り越《こ》えていくために、「真説・八正道」が与えられているのです。一度悟って、それで終わりではないわけです。

したがって、「いろいろな環境《かんきょう》の変化のなかにおいて、この真説・八正道を使って、そのつど、自分の心の曇《くも》り、垢《あか》を落としていく」ということ、そして、「正念《しょうねん》」で語ったように、「正しい未来に向けての自己実現をしていく」ということが非常に大事なのです。やはり、その人の立場や役割、環境に応じた現象がさまざまに起きてくるので、そのなかで自分の心境を維持するための全力の戦いを続けていかなければなりません。

その意味で、この「真説・八正道」の修行は、今世《こんぜ》の修行を終えるまで、死ぬまで「終わり」ということはないし、おそらく、来世《らいせ》でも続くでしょう。かたちは多少変わるでしょうが、この修行は来世でも続くことと思います。

ゆえに、自分がどれほど役割を与えられても、人から評価されても、常に、この「八つの項目《こうもく》」に関して自己反省を怠《おこた》らないようにしていただきたいと思います。反省のための八項目は〝安全弁〟なのです。人生において、決して道に迷わずに生きていくための指標でもあるわけです。

③ユートピアの原理としての八正道

「真説・八正道」の意義の第三点は、実は、「ユートピアの原理そのものである」ということです。

私は、ユートピアの原理を、「小さなユートピアから大きなユートピアへ」「私的ユートピアから公的ユートピアへ」という言葉で、さまざまなところで語っています。その意味は、どこにあるのでしょうか。

まず、ユートピアというのは、「心の世界」と「この人間世界、地上世界という外界」の二つの世界から成り立っています。そして、「小さなユートピア」「個人のユートピア」はどこから始まるかというと、実は、自《みずか》らの心を支配し、「心の王国」を守り抜《ぬ》くことから始まっていくのです。

したがって、そのために、この真説・八正道によって、各人が自らの心をユートピア化していくことこそが、「外の世界にも光を点灯《てんとう》していくこと」にほかならないわけです。

はるかなる上空から霊的《れいてき》な目で見たならば、この八正道によって目の鱗《うろこ》を落とし、神仏の光を得ている人たちは、ちょうど〝ロウソクの炎《ほのお》〟のようにも、〝灯台の光〟のようにも見えます。それは、神仏の火が、一点一点、いろいろなところから灯《とも》ってくる姿であり、「上空から見た夜景に似ている」とも言えましょう。闇《やみ》に沈《しず》んだように見えた町に、一つひとつ、光が灯っていく姿でもあるわけです。

そして、これが「すべての始まり」であるということです。この「各人の心をユートピア化していくこと」から、「世界のユートピア化」は始まるのです。

これなくして、理想を一挙に実現することもできなければ、政治改革も経済改革も宗教改革もありえません。制度的なものや環境的なものに騙《だま》されてはならないし、「○○のような人が来ればそうなる」とか、「□□のような環境が出れば幸福になる」とか、そのようなものではないということです。

「悟り」という名の本当の幸福をつかむための「自己変革」

それぞれの環境において、それぞれの課題や問題を背負いながら、光を灯すことです。そして、その光を灯す方法こそが「真説・八正道」であるということを知っていただきたいのです。この真説・八正道によって、人々に、自らの〝ロウソクの芯《しん》〟〝ランプの芯〟に光を灯していただきたいと思います。

そうした光を灯すのは、一人ひとりの仕事です。ランプに火をつけるのは、各人の仕事なのです。私は火のつけ方はお教えしますが、火をつけるのはあなた自身であるわけです。火がつかなければ、それはつけようとしていないからではないでしょうか。

この「火をつける」ということが、「自己変革」ということです。「自分を変えていこう。自分の心を、より神様仏様の心に近い方向に向けていこう」という気持ちのない人は、幸福の科学に来ていただきたくないのです。

そのような人のために、私は幸福の科学を運営しているのではないからです。幸福の科学は正しい道を示し、「その方向についてきなさい」と言っていますが、やはり、その内容において〝ランプの芯に火をつけ、光を灯す〟のは、それを志《こころざ》す一人ひとりの人に自分でやっていただきたいと思います。

それが、その人の、「悟り」という名の本当の幸福でもあるからです。

あとがき

端的にいえば、本書は現代的悟りの方法論の集大成です。しかも悟りの本道である反省法の道筋を明らかにした点では、釈迦仏教の精髄を公表したことにほかなりません。

釈迦の八正道とは一体何だったのか。初学者にも、専門家にも参考になる内容を語ってみました。本書を座右の書として、日々の精神修養にあてていただければ著者としては、これに勝る幸せはありません。

一九八九年　三月

幸福《こうふく》の科学《かがく》グループ創始者兼総裁《そうししゃけんそうさい》　大川隆法《おおかわりゅうほう》

改訂・新版へのあとがき

本書では、原著の八正道の順序を、伝統仏教的な順序に並びかえた。具体的には「正思《しょうし》」「正語《しょうご》」「正業《しょうごう》」といった順に戻した。

今世では、自分自身が「正語」の悟りから入ったので、前著ではそのようにしたのだが、釈尊の八正道と同じ順序にしておいたほうが仏教を学ぶには良かろう。

また、講義時点では、商社マンを辞めて二年半ぐらいだったので、ややビジネス的な解説が多かった。

それゆえ、今回は、章の終わりに、仏教的な要点解説もつけ加えておいた。勉強が進んでいる方は、こちらも重視して下さるとよいと思う。

現代人には「八正道」は難しいと思うが、私の現代の気持ちを込めて、『真説・八正道』として改めて世に問うものである。

二〇二〇年　五月三十日

幸福《こうふく》の科学《かがく》グループ創始者兼総裁《そうししゃけんそうさい》　大川隆法《おおかわりゅうほう》

『真説・八正道』関連書籍

『太陽の法』（大川隆法 著　幸福の科学出版刊）
『黄金の法』（同右）
『成功の法』（同右）
『釈迦の本心』（同右）
『「幸福になれない」症候群』（同右）
『不動心』（同右）
『漏尽通力』（同右）

本書は一九八九年に発刊された旧版を改訂したものです。

真説《しんせつ》・八正道《はっしょうどう》──自己変革のすすめ──

2020年 6 月24日　初版第 1 刷
2023年 7 月11日　　　第 3 刷

著　者　　大《おお》　川《かわ》　隆《りゅう》　法《ほう》

発行所　　幸福の科学出版株式会社

〒107-0052 東京都港区赤坂 2 丁目 10 番 8 号
TEL(03)5573-7700
https://www.irhpress.co.jp/

印刷・製本　株式会社 堀内印刷所

落丁・乱丁本はおとりかえいたします

ISBN978-4-8233-0191-9 C0014
カバー Poring Studio / Shutterstock.com
装丁・イラスト・写真（上記・パブリックドメインを除く）© 幸福の科学

大川隆法ベストセラーズ・人生の目的と使命を知る

「大川隆法　初期重要講演集　ベストセレクション」シリーズ

幸福の科学初期の情熱的な講演を取りまとめた初期講演集シリーズ。幸福の科学の目的と使命を世に問い、伝道の情熱や精神を体現した救世の獅《し》子《し》吼《く》がここに。

初期講演集シリーズ　第1〜7弾！

1

2

3

4

5

6

7
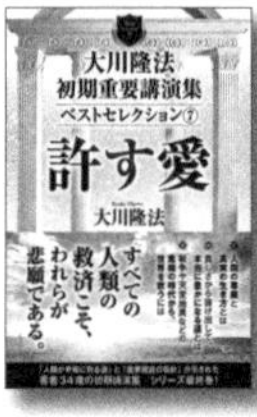

1 幸福の科学とは何か
2 人間完成への道
3 情熱からの出発
4 人生の再建
5 勝利の宣言
6 悟りに到る道
7 許す愛

各1,980円

幸福の科学の十大原理
（上巻・下巻）

世界168カ国以上に信者を有する「世界教師」の初期講演集が新装復刻。幸福の科学の原点であり、いまだその生命を失わない熱き真実のメッセージ。

各1,980円

※表示価格は税込10％です。

大川隆法ベストセラーズ・悟りへの本道

大悟の法

常に仏陀と共に歩め

仏陀の「悟り」の本質に斬り込んだ、著者渾身の一冊。分かりやすく現代的に説かれた教えは人生の疑問への結論に満ち満ちている。

2,200 円

沈黙の仏陀

ザ・シークレット・ドクトリン

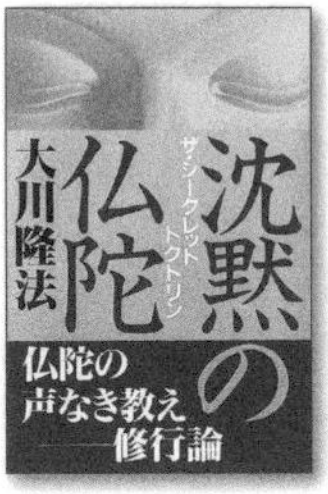

本書は、戒律や禅定などを平易に説き、仏教における修行のあり方を明らかにする。現代人に悟りへの道を示す、神秘の書。

1,923 円

八正道の心

『黄金の法』講義②

2600 年前に、人々を「悟り」という名の幸福に導いた釈尊の教えが、今、よみがえる。真実の人生を生きるための智慧が、ここに明かされる。

1,650 円

心の挑戦

宗教の可能性とは何か

縁起《えんぎ》、般若《はんにゃ》など、仏教の重要な論点を現代的に解説した本書は、あなたを限りなく新時代へ、そしてファッショナブルな知の高みへと誘う。

1,923 円

大川隆法ベストセラーズ・仏陀の本心を知る

仏陀再誕

縁生の弟子たちへのメッセージ

我、再誕す。すべての弟子たちよ、目覚めよ――。2600年前、インドの地において説かれた釈迦の直説金口《じきせつこんく》の教えが、現代に甦《よみがえ》る。

1,923円

永遠の仏陀

不滅の光、いまここに

すべての者よ、無限の向上を目指せ――。大宇宙を創造した久遠の仏が、生きとし生けるものへ託した願いとは。

1,980円

釈迦の本心

よみがえる仏陀の悟り

釈尊の出家・成道を再現し、その教えを現代人に分かりやすく書き下ろした仏教思想入門。読者を無限の霊的進化へと導く。

2,200円

悟りの挑戦

(上巻・下巻)

仏教の中核理論を分かりやすく説明しつつ、仏教学・仏教系諸教団の間違いをも闡明《せんめい》にする。化石化した仏教に再び生命を与える、仏陀自身による仏教解説。

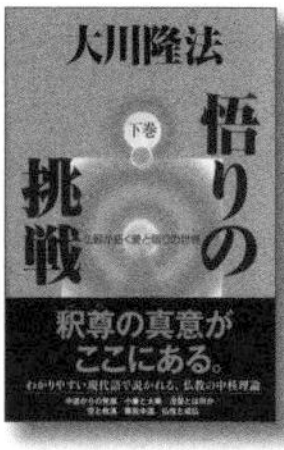

各1,923円

※表示価格は税込10%です。

大川隆法ベストセラーズ・霊性と悟りの真髄

漏尽通力《ろじんつうりき》

現代的霊能力の極致

高度な霊能力の諸相について語った貴重な書を、秘蔵の講義を新規収録した上で新装復刻！ 神秘性と合理性を融合した「人間完成への道」が示される。

1,870円

信仰と情熱

プロ伝道者の条件

多くの人を救う光となるために──。普遍性と永遠性のある「情熱の書」、仏道修行者として生きていく上で「不可欠のガイドブック」が、ここに待望の復刻。

1,870円

悟りを開く

過去・現在・未来を見通す力

自分自身は何者であり、どこから来て、どこへ往くのか──。霊的世界や魂の真実、悟りへの正しい修行法、霊能力の真相等、その真髄を明快に説き明かす。

1,650円

心眼を開く

心清らかに、真実を見極める

心眼を開けば、世界は違って見える──。個人の心の修行から、政治・経済等の社会制度、「裏側」霊界の諸相まで、物事の真実を見極めるための指針を示す。

1,650円

※表示価格は税込10%です。

大川隆法ベストセラーズ・幸福に生きるヒントをあなたに

初期
質疑応答
シリーズ
第1～7弾!

「エル・カンターレ 人生の疑問・悩みに答える」シリーズ

幸福の科学の初期の講演会やセミナー、研修会等での質疑応答を書籍化。一人ひとりを救済する人生論や心の教えを、人生問題のテーマ別に取りまとめたＱＡシリーズ。

【各 1,760 円】

1 人生をどう生きるか
2 幸せな家庭をつくるために
3 病気・健康問題へのヒント
4 人間力を高める心の磨き方
5 発展・繁栄を実現する指針
6 霊現象・霊障への対処法
7 地球・宇宙・霊界の真実

1

2

3

4

5

6

7

大川隆法ベストセラーズ・地球神エル・カンターレの真実

メシアの法

「愛」に始まり「愛」に終わる

「この世界の始まりから終わりまで、あなた方と共にいる存在、それがエル・カンターレ」──。現代のメシアが示す、本当の「善悪の価値観」と「真実の愛」。

2,200円

信仰の法

地球神エル・カンターレとは

さまざまな民族や宗教の違いを超えて、地球をひとつに──。文明の重大な岐路に立つ人類へ、「地球神」からのメッセージ。

2,200円

大川隆法　東京ドーム講演集

エル・カンターレ「救世の獅子《しし》吼《く》」

全世界から５万人の聴衆が集った情熱の講演が、ここに甦る。過去に 11 回開催された東京ドーム講演を収録した、世界宗教・幸福の科学の記念碑的な一冊。

1,980円

信仰のすすめ

泥中の花・透明な風の如く

どんな環境にあっても、自分なりの悟りの花を咲かせることができる。幸福の科学の教え、その方向性をまとめ、信仰の意義を示す書。

1,650円

※表示価格は税込10%です。

著作3100書突破!　大川隆法ベストセラーズ・地獄の真実を知る

法シリーズ 第29巻

地獄の法

あなたの死後を決める「心の善悪」

詳細は
コチラ

どんな生き方が、死後、天国・地獄を分けるのかを明確に示した、姿を変えた『救世の法』。現代に降ろされた「救いの糸」を、あなたはつかみ取れるか?

第１章　地獄入門
――現代人に身近に知ってほしい地獄の存在

第２章　地獄の法
――死後、あなたを待ち受ける「閻魔《えんま》」の裁きとは

第３章　呪いと憑依
――地獄に堕ちないための「心のコントロール」

第４章　悪魔との戦い
――悪魔の実態とその手口を明らかにする

第５章　救世主からのメッセージ
――地球の危機を救うために

2,200円

小説　地獄和尚《おしょう》

「あいや、待たれよ。」行く手に立ちはだかったのは、饅頭笠《まんじゅうがさ》をかぶり黒衣に身を包んだ一人の僧だった――。『地獄の法』著者による書き下ろし小説。

1,760円

幸福の科学グループのご案内

宗教、教育、政治、出版などの活動を通じて、地球的ユートピアの実現を目指しています。

幸福の科学

一九八六年に立宗。信仰の対象は、地球系霊団の最高大霊、主エル・カンターレ。世界百六十八カ国以上の国々に信者を持ち、全人類救済という尊い使命のもと、信者は、「愛」と「悟り」と「ユートピア建設」の教えの実践、伝道に励んでいます。

（二〇二三年六月現在）

愛

幸福の科学の「愛」とは、与える愛です。これは、仏教の慈悲《じひ》や布施《ふせ》の精神と同じことです。信者は、仏法真理をお伝えすることを通して、多くの方に幸福な人生を送っていただくための活動に励んでいます。

悟り

「悟り」とは、自らが仏の子であることを知るということです。教学《きょうがく》や精神統一によって心を磨き、智慧《ちえ》を得て悩みを解決すると共に、天使・菩薩《ぼさつ》の境地を目指し、より多くの人を救える力を身につけていきます。

ユートピア建設

私たち人間は、地上に理想世界を建設するという尊い使命を持って生まれてきています。社会の悪を押しとどめ、善を推し進めるために、信者はさまざまな活動に積極的に参加しています。

海外支援・災害支援

幸福の科学のネットワークを駆使し、世界中で被災地復興や教育の支援をしています。

毎年２万人以上の方の自殺を減らすため、全国各地でキャンペーンを展開しています。

公式サイト **www.withyou-hs.net**

自殺防止相談窓口
受付時間　火〜土:10〜18時（祝日を含む）

TEL **03-5573-7707**　メール **withyou-hs@happy-science.org**

視覚障害や聴覚障害、肢体不自由の方々と点訳・音訳・要約筆記・字幕作成・手話通訳等の各種ボランティアが手を携えて、真理の学習や集い、ボランティア養成等、様々な活動を行っています。

公式サイト **www.helen-hs.net**

入会のご案内

幸福の科学では、大川隆法総裁が説く仏法真理《ぶっぽうしんり》をもとに、「どうすれば幸福になれるのか、また、他の人を幸福にできるのか」を学び、実践しています。

入会

仏法真理を学んでみたい方へ

大川隆法総裁の教えを信じ、学ぼうとする方なら、どなたでも入会できます。入会された方には、『入会版「正心法語《しょうしんほうご》」』が授与されます。
入会ご希望の方はネットからも入会申し込みができます。
happy-science.jp/joinus

三帰《さんき》誓願《せいがん》

信仰をさらに深めたい方へ

仏弟子としてさらに信仰を深めたい方は、仏《ぶっ》・法《ぽう》・僧《そう》の三宝《さんぽう》への帰依を誓う「三帰誓願式」を受けることができます。三帰誓願者には、『仏説・正心法語』『祈願文《きがんもん》①』『祈願文②』『エル・カンターレへの祈り』が授与されます。

幸福の科学 サービスセンター
TEL 03-5793-1727
（受付時間／火〜金:10〜20時　土・日祝:10〜18時（月曜を除く））

幸福の科学 公式サイト
happy-science.jp

ハッピー・サイエンス・ユニバーシティ

Happy Science University

ハッピー・サイエンス・ユニバーシティとは

ハッピー・サイエンス・ユニバーシティ（HSU）は、
大川隆法総裁が設立された「日本発の本格私学」です。
建学の精神として「幸福の探究と新文明の創造」を掲げ、
チャレンジ精神にあふれ、新時代を切り拓く人材の輩出を目指します。

人間幸福学部　経営成功学部　未来産業学部

HSU長生キャンパス　TEL **0475-32-7770**
〒299-4325　千葉県長生郡長生村一松丙 4427-1

未来創造学部

HSU未来創造・東京キャンパス
TEL **03-3699-7707**
〒136-0076　東京都江東区南砂2-6-5　公式サイト **happy-science.university**

学校法人 幸福の科学学園

学校法人 幸福の科学学園は、幸福の科学の教育理念のもとにつくられた教育機関です。人間にとって最も大切な宗教教育の導入を通じて精神性を高めながら、ユートピア建設に貢献する人材輩出を目指しています。

幸福の科学学園
中学校・高等学校（那須本校）
2010年4月開校・栃木県那須郡（男女共学・全寮制）
TEL **0287-75-7777**　公式サイト **happy-science.ac.jp**

関西中学校・高等学校（関西校）
2013年4月開校・滋賀県大津市（男女共学・寮及び通学）
TEL **077-573-7774**　公式サイト **kansai.happy-science.ac.jp**

仏法真理塾「サクセスNo.1」

全国に本校・拠点・支部校を展開する、幸福の科学による信仰教育の機関です。小学生・中学生・高校生を対象に、信仰教育・徳育にウエイトを置きつつ、将来、社会人として活躍するための学力養成にも力を注いでいます。

TEL 03-5750-0751（東京本校）

エンゼルプランV

東京本校を中心に、全国に支部教室を展開。信仰をもとに幼児の心を豊かに育む情操教育を行い、子どもの個性を伸ばして天使に育てます。

TEL 03-5750-0757（東京本校）

エンゼル精舎

乳幼児が対象の、託児型の宗教教育施設。エル・カンターレ信仰をもとに、「皆、光の子だと信じられる子」を育みます。
（※参拝施設ではありません）

不登校児支援スクール「ネバー・マインド」

TEL 03-5750-1741

心の面からのアプローチを重視して、不登校の子供たちを支援しています。

ユー・アー・エンゼル！（あなたは天使！）運動

障害児の不安や悩みに取り組み、ご両親を励まし、勇気づける、障害児支援のボランティア運動を展開しています。

一般社団法人 ユー・アー・エンゼル
TEL 03-6426-7797

NPO活動支援

学校からのいじめ追放を目指し、さまざまな社会提言をしています。また、各地でのシンポジウムや学校への啓発ポスター掲示等に取り組む一般財団法人「いじめから子供を守ろうネットワーク」を支援しています。

いじめから子供を守ろうネットワーク

公式サイト mamoro.org　ブログ blog.mamoro.org
相談窓口 TEL.03-5544-8989

百歳まで生きる会～いくつになっても生涯現役～

「百歳まで生きる会」は、生涯現役人生を掲げ、友達づくり、生きがいづくりを通じ、一人ひとりの幸福と、世界のユートピア化のために、全国各地で友達の輪を広げ、地域や社会に幸福を広げていく活動を続けているシニア層（55歳以上）の集まりです。

【サービスセンター】TEL 03-5793-1727

シニア・プラン21

「百歳まで生きる会」の研修部門として、心を見つめ、新しき人生の再出発、社会貢献を目指し、セミナー等を開催しています。

【サービスセンター】TEL 03-5793-1727

幸福実現党

内憂外患《ないゆうがいかん》の国難に立ち向かうべく、2009年5月に幸福実現党を立党しました。創立者である大川隆法党総裁の精神的指導のもと、宗教だけでは解決できない問題に取り組み、幸福を具体化するための力になっています。

幸福実現党　党員募集中

あなたも幸福を実現する政治に参画しませんか。

＊申込書は、下記、幸福実現党公式サイトでダウンロードできます。
住所：〒107-0052
東京都港区赤坂2-10-8 6階 幸福実現党本部

TEL 03-6441-0754　FAX 03-6441-0764
公式サイト hr-party.jp

HS政経塾

大川隆法総裁によって創設された、「未来の日本を背負う、政界・財界で活躍するエリート養成のための社会人教育機関」です。既成の学問を超えた仏法真理を学ぶ「人生の大学院」として、理想国家建設に貢献する人材を輩出するために、2010年に開塾しました。現在、多数の市議会議員が全国各地で活躍しています。

TEL 03-6277-6029
公式サイト hs-seikei.happy-science.jp

出版　メディア　芸能文化　幸福の科学グループ

幸福の科学出版

大川隆法総裁の仏法真理の書を中心に、ビジネス、自己啓発、小説など、さまざまなジャンルの書籍・雑誌を出版しています。他にも、映画事業、文学・学術発展のための振興事業、テレビ・ラジオ番組の提供など、幸福の科学文化を広げる事業を行っています。

アー・ユー・ハッピー?
are-you-happy.com

ザ・リバティ
the-liberty.com

幸福の科学出版
TEL **03-5573-7700**
公式サイト **irhpress.co.jp**

THE FACT

YouTubeにて
随時好評
配信中!

ザ・ファクト
マスコミが報道しない
「事実」を世界に伝える
ネット・オピニオン番組

ザ・ファクト　検索

NEW STAR PRODUCTION

ニュースター・プロダクション

「新時代の美」を創造する芸能プロダクションです。多くの方々に良き感化を与えられるような魅力あふれるタレントを世に送り出すべく、日々、活動しています。公式サイト **newstarpro.co.jp**

ARI Production

ARI《アリ》 Production《プロダクション》

タレント一人ひとりの個性や魅力を引き出し、「新時代を創造するエンターテインメント」をコンセプトに、世の中に精神的価値のある作品を提供していく芸能プロダクションです。公式サイト **aripro.co.jp**

大川隆法　講演会のご案内

大川隆法総裁の講演会が全国各地で開催されています。講演のなかでは、毎回、「世界教師」としての立場から、幸福な人生を生きるための心の教えをはじめ、世界各地で起きている宗教対立、紛争、国際政治や経済といった時事問題に対する指針など、日本と世界がさらなる繁栄の未来を実現するための道筋が示されています。

2022年7月7日 さいたまスーパーアリーナ
「甘い人生観の打破」

2019年7月5日 福岡国際センター
「人生に自信を持て」

2019年10月6日 ザ ウェスティン ハーバーキャッスル トロント(カナダ)
「The Reason We Are Here」

2011年3月6日 カラチャクラ広場(インド)
「The Real Buddha and New Hope」

2019年3月3日 グランド ハイアット 台北(台湾)
「愛は憎しみを超えて」

講演会には、どなたでもご参加いただけます。
最新の講演会の開催情報はこちらへ。 ⟹ 大川隆法総裁公式サイト
https://ryuho-okawa.org